働く子どもたちへのまなざし

現代世界における子どもの就労——その分析と事例研究

ミシェル・ボネ

堀田一陽［訳］

社会評論社

Michel Bonnet : Regards sur les enfants travailleurs,
La mise au travail des enfants dans le monde contemporain,
Analyse et études de cas

働く子どもたちへのまなざし

現代世界における子どもの就労——その分析と事例研究◎目次

【　】は訳者による注

あなたは、兄弟の目にあるおが屑は見えるのに、
なぜ自分の目の中の丸太に気づかないのか。

新共同訳『聖書』マタイによる福音書第7章3節

本書に表明されている意見はわたくし個人のもので、ＩＬＯ国際労働事務局の元職員として、国際労働事務局の見解を表わしたものではないことをここに明記しておきます。

また、わたくしが使用している情報はすべて既に公表されているものであります。

ミシェル・ボネ

第一章　ザファール、移民の働く子ども

パキスタンの少年ザファール・イクバルは一九八七年十月のある日、アラブ首長国連邦アブダビで労務災害により死亡した。あれから十年がたつが、働く子どもたちに関する本書を、今もなお大きな今日的意義をもつザファールの物語から始めたいと思う【原注1】。

ラヒム・ヤル・カーンはカラチの北方五〇〇キロ、インド国境近くにある小さな町である。ザファールの家族はこの近くの小村に暮らしていた。貧しくとも不幸ではなかった。村では小学校へ通っている子どもはまれだった。遠かったし、先生の話を理解するのは大変だった。それに照りつける太陽のもと、さらに空腹であれば、徒歩での数キロの道のりは辛い。なによりも授業にほとんど面白味がない。小学校で習うことは毎日の生活からかけ離れたものだった。歩きまわったり、らくだのそばで遊んだり、大人たちについて畑へ行っていろんなお手伝いをしたほうがよほど面白かった。

ある日、男がやってきて、ザファールの父と話しこんでいった。それからいきなり、明日アブダビへ向けて兄と二人で発つように言われた。アブダビは遠い。アラブ首長国連邦だ。二人ともアブダビ

のお金持ちの家で召使として雇われるという。一所懸命に働けば将来の蓄えもできるだろうし、とりあえずは食事もしっかりとれて、少しばかりのお金も家族に仕送りできる。見知らぬ国に対する不安と家族と離れる寂しさに胸はつぶれそうだったが、兄さんと一緒だからと心を励まして、ザファールは出立した。

カラチでは何も見なかった。というのもトラックから降ろされると一軒の家に押し込められ、外へ出してもらえなかったからだ(「こんな大きな都会じゃ、みんな迷子になるから」)。家には男の子ばかりが三十人ほどいた。一番幼い子は四歳で、親に会いたいと泣いてばかりいた。力づくで連れてこられた子どもたちだった。

ある夜、突然起こされ、わけもわからぬまま飛行機に乗せられた。二時間の飛行で、アブダビ着。飛行機から降ろされ、カラチの時と同じようにトラックで一軒の家に運ばれた。数日後、三十人は各家庭に振り分けられた。仕事が始まった。八歳のザファールの小さなからだには家事はきつかった。家の掃除、物の運搬、いつ何時でも言いつけられたらすぐにできるようにしていなければならなかった。まわりで話されている言葉もほんの片言しか理解できず、いつも心細かった。それでも最善を尽くそうとした。出発するときの父の言いつけを思い出していたからだ。辛抱するんだよ、ちゃんとするんだよ。

九月、ザファールはこの冬には主人の友人に貸し出され、らくだレースのジョッキー(騎手)になる訓練をうける、と言われた。少なくともレースシーズンが終わるまでは家事奴隷の苛酷な生活とはおさらばだ、朝から晩までらくだと一緒だなんて楽しいな!

しかし、じきにジョッキーとしての新生活が、これまでの召使としての生活よりも恵まれているかどうか疑問に思えてきた。初めのうちザファールは、大人に先導されたらくだの背に括《くく》りつけられた。恐怖で身がすくみ、トレーナーの説明も指示も理解できず、びんたがとび、ザファールは泣いた。痛みに悲鳴をあげると、またびんただ。それでも少しずつ、手綱を引き、ムチを手にらくだの背中にすわっていられるようになった。何かしようなんて思わなくていい、いったん走りだせば、らくだは雰囲気にのまれて闇雲に突っ走るからな、と言われた。やがて絹のような光沢をもった青い、美しい衣装を着させられて、レースに出るようになった。レースにはときには五〇頭、一〇〇頭のらくだが出走した。ある日、喧噪のなか、ザファールを括りつけていたひもが、結び方が悪かったのか、ゆるんだ。レース中、ザファールのからだが宙に舞った。後続のらくだに踏み砕かれ、待機していた救急車が到着した時には、ザファールは死んでいた。よくある事故だ。ザファールは現地で埋葬された。

ザファールの兄は弟の死を仲間から知らされた。兄はなんとしてでも弟の遺骸を故国パキスタンに連れて帰りたいと思った。こうして一九八七年十月十八日日曜日、ラヒム・ヤル・カーン村でおこなわれたザファールの本葬は一大事となった。アラブ首長国連邦に息子を働きにやっていた村人は大勢いたからだ。息子から便りのないのに慣れてしまって、うまくやっているのだろうと思っていたのに、ヴェールの一端が持ちあげられるや、とんでもない現実が明らかになったのだ。村人たちは斡旋屋《リクルーター》にだまされていただけでなく、湾岸諸国での生活条件が村よりも劣悪であるのを知り、さらには子どもたちを呼び戻す手立てもないことに気づいた。実際、村人たちは息子がどこにいるかさえ知らなかった。

新聞が事件を報じると、パキスタンの世論は沸きたった。十月二十七日、いくつかの団体がカラチのアラブ首長国連邦領事館前でデモをおこなった。調査が始まった。アラブ首長国連邦大統領はパキスタンの世論を静め、外交関係の悪化をくい止めようと、らくだレースでの十歳以下の子どもの雇用を禁じた。

　しかし、らくだレースはいつもどおりつづき、ジャーナリストたちはらくだに乗った子どもたちの写真を思いどおりに撮っている。子どもを狩りだす勢子《せこ》どもも、これまでどおり動きまわっている。ザファールの埋葬からわずか六か月後、バングラデシュの国境警察が一台のトラックを検問した。インド経由でアラブ首長国連邦へらくだレース用に子ども四十七人を密輸中のトラックだった。この種の子ども専門の密輸は、パキスタン以外の国々からのものも存在する。しばらく前、英国航空の機内でわたしは、機内情報誌にアラブ首長国連邦のらくだレースのルポが、子どもジョッキーの美しいカラー写真とともに掲載されているのを見た。ルポは子どもたちの家族の悲惨な生活に比べれば格段の生活向上だと書きたてていた。

　ザファールの物語は決して例外ではない。同様の物語は絨毯製造、れんが作り、織物業、冷凍食品工場、そして鉱山の地底にも、公共事業の巨大な建設工事現場、大農場《プランテーション》、牧場にも、セックス産業や麻薬取引を含めた路上のあらゆる仕事にもある。また武力紛争に投入される子ども兵士《チャイルド・ソルジャー》や、少年少女がおそらくはもっとも孤立させられている家政婦・召使など、裕福な家庭に慈悲深くも養子としてもらわれてきたと想像している隣人たちが気づこうはずもない、この小さな奴隷たちのことも忘れてはならない。ザファールはパキスタンの少年だが、インドの、中国の、タイの少年であり、ケニア、ブルキナファソ、エジプト、ブラジル、ペルー、メキシコ、トルコ、ユーゴスラビア、ロシアの少年であり、さらにはアメリカ、イギリス、イタリア、フランスの少年ですら（なぜ、ですら、なのだ！）あるのだ。ザファールの物語は世界のどの国でも、地球の裏側ではなく、わたしたちの街角でくり広げられている。

ザファールの物語を少し掘り下げてみれば、児童労働と子どもの搾取の問題を構成している基本的な諸要素が見えてくる。一方に物質的利益の増大を、しかもそれを地方の、全国的な、さらには国際的な競争力という背景のなかで求める社会、社会階層あるいは個人があり、他方に家族が先祖から引き継がれた極端な貧困状態、凶暴な搾取と社会による支援の欠如に打ちひしがれ、それゆえに今を生き延びるために幼い子どもたちまでも含めた家族全員が職に就かざるをえない社会階層、住民層、都市あるいは地方の地域がある。この両者のあいだに雇用者への子ども労力の斡旋、移送、引き渡しを請け負う仲介人たちの世界がある。すなわち子どもたちを狩りだす個人経営の勢子《せこ》ども、あるいはコンピュータ処理された情報カードをもった専門の勧誘員、笑みをたたえた旅行者や人道援助団体員を装った徴募業者たちである。斡旋屋はまた、警察官、美容師、医者さらには小学校教員であったりもする。彼らなら気安く声をかけ、手っ取り早く子どもを徴募できることを雇用者たちが知っているからだ。わたしは、台湾の奥深い山の中に卒業までに一年間は工場に働きにやることに家族が同意しない生徒には卒業証書を出さない小学校があるのを突きとめたことがある。その教員は工場と「契約」を結んでいた。

しかし、本書の目的は児童労働問題に関する徹底した研究や簡潔な概観を提示することではない。

そのような研究はすでにフランス語でも素晴らしいものが公刊されているので、読者はそちらを参照されたい。ベルナール・シュレムマー監修『搾取される子どもたち』(カルタラ社、パリ、一九九六年)、ILO国際労働事務局『児童労働――容認しがたきものに照準を合わせて』(ジュネーヴ、一九九六年)、ユニセフ(国連児童基金)年次報告『世界子供白書 一九九七年版』の三点である。

わたしは多くの国々で数百人の働く子どもたちと個別に、あるいはグループで話をする機会に恵まれた。そこでわたしはいつも、なぜあなたは子どもの労働に興味をもつのか、という明快な疑問に真摯な回答を求める子どもたちのその執拗さに衝撃を覚えた。インタビューをしようとすれば、先に質問をするのは必ず子どもたちのほうだ。それも肝要で本質に関わる質問、それはわたしが話している子どもの人生に対するわたしのまなざしの問題であるので、時間を割くに真に値する質問である。ところで、このまなざしこそが、結局はわたし自身の人生を子どもたちの人生の出来事との関係にどのように位置付けるかを決定する。子どもたちの労働の世界への早すぎる登場は間違いなく、一つの冒険である。ヒマラヤ登頂の成功と同じくらいわくわくする、あるいは頂上付近の岩壁から滑落して死亡するのと同じくらい恐ろしい冒険である。あのザファール少年になんらかのまなざしをそそいだ人々一人ひとりをじっくり調査し、そのまなざしのなかにあるものを問い直してみたら、なんと多種多様なことだろう。故国の村へザファールの遺骸を連れ帰る(しかもそれを断固としておこなわねばならなかった!)以外、何も頭に浮かばなかった、彼自身外国で働く子どもである兄の行動から、想像だにしなかった現実を目の当たりにして呆然とする村人たち、子どもの雇用を禁じる政令をメディアを駆使して発表せねばならないと思ったアラブ首長国連邦の大統領まで、じつにさまざまだ。

働く子どもたちの生活に直接的にせよ、間接的にせよ関与している人々に注意を凝らしながら、仕事に就いている子どもたちを観察すること、働く子どもたちのまなざしはもとより、交差しあうあらゆるまなざしが表わすものを把握しようとすること、これが本書が読者に提示しようとする行程である。このような行程の行きつく果て、各章を読み進んだところでわたしたちが出会うのはわたしたち自身であることを、わたしたちは隠そうとは思わない。そして本書が働く子どもたちを含めた働く人々の権利を尊重する闘いへのより深い参画を促すことを願うばかりである。

著者注　本書では、子どもという言葉は十五歳以下の少年少女を指すことをあらかじめお断りしておきたい。もちろん、国連子どもの権利条約では、子どもとは十八歳未満の少年少女である。

第二章　働く子どもたち、骨も身もある存在として

今日のメディアは、わたしたちが受け取る情報を簡略化された一つのイメージとすることを至上命令としている。時間とくり返しの力によって、わたしたちの目は、自動焦点装置がついているかのように、ある種のイメージをとらえる習慣がついてしまっている。こうしてわたしたちの無意識はシンボルであふれる。いわく虐待された子ども、強姦された子ども、搾取された子ども、読み書きができない子ども、飢えた子ども、まるでわたしたちのパソコンのキーボードには面倒でうんざりする操作をしなくてすむファンクション・キーがついているかのようだ。わたしたちはそのシンボルの下に隠れている情報を知っていて、シンボルがわたしたちの生活面に現れるのを目にすると、さして当惑することも気を紛らわされることもなく、リモコンを使ってテレビのチャンネルを次々に換えることができる。こうしてザファール少年は、働く子どもたちのさまざまなイメージの力で中和される危険性を孕みながらも、世界中の児童労働のシンボルとなりうる。つまりザファールは森を見えなくする一本の木ともなりうるのだ。

児童労働という森の本当の姿を見るためには、旅に出て、働く子どもたちと直にふれあう機会をもつに勝るものはない。だが、実際はわたしたちにはそのような時間も手立てもない。ならば児童労働問題を構成するあらゆる要素の研究と分析に入る前に、まずは少しばかり時間をいただいて何人かの子どもたちとともに道をたどってみよう。わたしたちには、わが子と散歩でもするように、あの働く子どもたちの何人かとともに歩いてみる必要があるようだ。子どもたちの行動や意見にほほ笑んでみたり、また子どもたちにとって危険だったり人に迷惑をかけそうな遊びやふるまいに気をもんだりもしてみよう。そうすれば、わたしたちの生活理念と一致するいくつかの行動に出会って幸せに感じたり、誇らしく感じたりすることもあろう。それとは逆に眉をしかめたり、怒ったりすることもあるだろう。そのままにしておけないこと、ますますのめり込んでゆくのを見過ごせないことも多々あるからだ。ともかく、いずれわたしたちは子どもたちのやり方や子どもたちの一言に深く考えさせられ、つい尋ねるようになる。その時、誰かとこの「問題」を話し合わなければならないと思う。要するにほんのひとときでも一緒にいる、このことが肝要なのだ。芸術作品を間近から見て感銘にひたるように、映画のカメラを通した現実に強い印象を受けるように働く子どもたちの顔を見つめること、多少なりとも真価が認められ、わたしたちの気を魅く作品が収められている美術館を訪れた時のように沈思黙考すること、そしてこうして見いだされた子どもたちの数の多さと多様性がわたしたちのまなざしの慣れを少しぐらつかせ、わたしたちの心の内の機構を何か所かショートさせ、わたしたちの帆船のもやい綱を切って外海に出させるのを受け入れること、あるいはそう願うこと（なぜ、いけないのか）こそ、肝要なのだ。

砕石工・バリュ

わたしがバリュに出会ったのは、デリーから車で二時間ほどのハリャナ州の小さな町、ギュルガオンだ。バリュは親や子どもたち五十人ばかりの労働者のグループのなかで、一九八八年十一月の夜明け前の湿った寒気をまぎらそうと貧弱なたき火に手をかざしていた。このときバリュは五歳、すでに奴隷としての五年間の劣悪な生活条件と栄養不良、周囲の人々とともに、そして数か月前からは自分も加わった苛酷な労働のせいで見るからに脆弱そうで、実際の年よりもずっと幼く見えた。しかし、ここでの経験は同時にバリュの性格を鍛えあげていた。それを、住み込みで働く採石場の労働者たちがささいなことで採石場主の手下どもに殴られるのを見慣れた、その不安げな瞳の裏に隠していた。この朝、大きくなったら何をやりたいかと尋ねるジャーナリストたちに向かってバリュは、数世紀前から蓄積された怒りに突き動かれたかのようにきっぱりと答えた。「警官になる。そして、あのひどい主人をこらしめてやるんだ」。実際、バリュは運がよかった。十一月二十八日、ギュルガオンに近い小さな採石場に奴隷として拘束されていた四十八人の労働者が解放された。そのうち十五人はバリュら、子どもたちだった。

バリュが奴隷になったのは、父親が採石場の所有者からわずかな金を借りたという、ただそれだけの理由からだった。つまり、バリュ自身は直接的にも間接的にもなんの関与もしていない行為に基づく判決に服していたのである。インド社会の周縁に押しやられた家庭に生まれたという事実のみで、奴隷とされた。奴隷砕石工としての暮らし以外の暮らしがあることを知る可能性もほとんどなかった。ところが、『隷属的労働者解放戦線』という組織の話を聞いた、同じ採石場で働いていたアルジュンという大人の労働者が採石場をうまく抜け出してデリーにたどり着き、解放戦線の活動家たちに支援を求めた。活動家たちはギュルガオンに急行し、採石場に力ずくで押し入ると、労働者を救出し、地区長の保護下においた。地区長はどちらかと言えば、行政の無気力さに波風を立てるような争いにためらいを見せていた。このときの光景は忘れられないものとなった。夜中の二時、地区長の応接室では、解放戦線の責任者二人が適用可能な法律の条文を示し、地区長に一条々々読ませて、地区長に何ができるか、何をしなければならないかを理解させた。バリュの父は法律によって、復権のため、六二五〇ルピー【約一万七千円】の支給金とゴパルピュラ村に小さな耕作地を与えられることになった。以来、バリュは貧しい家での苛酷な労働の日々を送っている。こうしてバリュに自由が訪れた。自由はバリュに数世紀の飛躍をもたらし、児童奴隷を児童労働者と化した。

田舎の働く子ども・バブ

デリーの酷暑を避けようと、わたしは車で北に向かった。途中、小さな村の入口でタイヤがパンクした。牛糞をいっぱい詰めたかごを頭にのせた男の子がこちらを見ていた。会話がはじまった。男の子はバブと名乗った。十歳だった。村はずれの小屋に両親と妹と住んでいると言う。運転手は、この子は低いカーストの出だから村には住めないと言った。

バブの父親は毎日、仕事を探している。仕事があれば、バブを連れてゆく。今朝は一緒に隣の農家の農業用水路の掃除をした。それからバブは道路で牛糞を集めた。母親がこれを干し草とこねてクッキー状にし、日干しする。燃料になるのだ。石油は高すぎる。

「きみは学校へは行ってないの」「行ったり行かなかったりだよ。パパに仕事がなければ、ぼく学校に行くよ。畑で野菜や果物を集めなきゃならないときは、ぼくもついていって、猿が来ないようにするんだ、みんなダメにされちゃうからね。たくさん来るとね、大変だよ。ねぇ、ぼくの学校、見たい？」「見たいさ！」

学校はわら屋根ののったれんがで出来た小さな家だった。タテ六メートル、ヨコ三メートルほどの部屋が一つあるだけで、壁にはドアと窓が一つずつあった。部屋はがらんとしていて、机も椅子もなく、黒板もなかった。男女二十人ほどの子どもたちが地べたに直にすわっていた。バブは平気な顔でわたしを部屋に入れた。思いがけない出来事に、ざわめきが起こった。わたしは教師にわびを言った。ひげを生やした、感じのいい若者で、子どもたちとあれこれ話をする時間をとってくれた。近隣五つの村に、この学校一校しかない。男子も女子も一年生から五年生まで全部いっしょだ。

「ええ、わたし一人なんです、一人で順番に学年別に授業をしています。一つのクラスがあると、ほかの子どもたちは外でじっと待つのです。百五十人が登録しています。ここに何人いると思います？ようやく半分ですよ……。五年生の卒業試験をうけるのは三人に一人です。親は手元に置いて仕事の手伝いをさせたがりますから。それだけ貧しいんです。それに学校も遠いですから。たっぷり一時間歩く子もいます……。ここに来て三年になりますが、黒板一枚届いたためしがありません。政府はすべてひっくるめて月に二百二十ルピー【約六百円】くれますが、これで学校の運営すべてをまかなうんです。せめて文字や計算の練習に使うスレートの石盤が子どもたち一人に一枚ずつあったらいいのですが……」

バブはわたしの車までついてきた。「きみはスレートはもってるの」「もってないよ。高いからね。でもときどき、金持ちの生徒がスレートを割っちゃって捨てるんだ。そんなとき、かけらを使うよ」。

スレート採掘工・アシュル

わたしは世界中の小学校にはノートと鉛筆があるものと思っていた。しかし世界にはスレートの石盤を使っている小学生が何百万、何千万人といる。学齢期にある子どもの数が二億人を越えるインドのような国には、スレートの石盤生産には数十、数百の工場、数千人の労働者が必要であるにちがいない。そのことをもう少しよく知ろうと、わたしはインド南東部にあるマルカプールに向かった。主要な石盤生産地の一つだ。毎日、列車やトラックで十万枚を越えるスレートの石盤が運び出されてゆく。

マルカプールの町と二百五十の工場から立ちのぼる粉塵は夕日を浴びて、霧のマントのようだった。到着して一時間としないうちに、わたしのTシャツはすっかり汚れてしまった。なによりも喉がひりひりした。ここで一生をすごす人々はどうしているのだろう。わたしは一人の子どもに声をかけた。子どもは粉塵で真っ黒だった。子どもは話したがらなかった。そんな気にもならないようだった。疲れきっていた。ようやく納得してくれたので、わたしたちは並んで腰をおろして、ココナッツのジュースを飲みながら、「シャパティス」と呼ばれるクレープを食べた。アシュル、十二歳だった。

「弟が二人、妹が一人いるよ。ぼくのお父さんは機械でスレート板を切っていた。三年前に病気になって、仕事をやめなきゃならなかった。それ以来、ぼくが働いて家族を養っている。朝六時にここの採掘場へ来て、お昼まで働く。スレートのかたまりを運ぶだけだけど、疲れるよ、それよりも危険なんだ。採掘場の通路は両側にスレート板が積みあげてある。通りがかりにちょっと触れただけで、どっと崩れたりするからね。ここでは子どもがおおぜい働いている。きっと半分以上は子どもだよ。半日で三ルピー【約八円】稼ぐ。これじゃあ家族は養えない。だから午後は切り出し部門へ行く。もう三ルピー稼げるから。大人の手伝いをして、スレートの切断と研磨をする。運搬ほどには疲れないけど、ほこりがすごいんだ」「きみのパパは仕事のせいで病気になったの」「そう、ここではみんな、そうだ。七、八年働くとみんな病気になる。そうしたらおしまいさ。治らないから」「医者はいないの、医療団は来ないの？」「来るもんか。たまに調査が来るよ。工場主たちは前もって知っているからね、その日は休みにするんだ。いつだったか、労働者たちがデモをやった。警官隊が来て、警棒で追っ払ったけどね」

くず拾い・サライ

インド南部の近代的な大都市、バンガロールは新技術の一大センターで、インドのシリコンバレーとも呼ばれている。毎日、午後になると一人の若い児童指導員が子どものくず拾いを集める。サライは十二歳の少年だ。小学校へはそもそも行ったことがない。以前は両親と田舎で暮らしていた。しかし生活が苦しいので、父はアラブの国へ働きに行った。サライと母はバンガロールへ出て、スラム街で暮らしている。「ママは病気がひどくて働けないんだ。ぼくの稼ぎで暮らしている。毎日、日が昇ると働きだすよ。ごみを分けて、見つけたものを売るんだ。たいてい一日十ルピー【約二十七円】ぐらい稼ぐ」。わたしはサライに児童指導員の話では何が役立つか聞いてみた。「すっかり変わったよ。秤《はかり》がどう動くか教えてくれたからね。紙やくず鉄を売るとき、ぼくは秤の針がどこにあるか、ちゃんと見るからね、もうぼくをだませないよ」。

この日、子どもたちは別れ際にいつもの少しばかりの食べ物の他にお菓子をもらった。サライはそれをていねいに新聞紙に包むと、うれしそうな目をして、こう言った。「ママと一緒に食べるんだ」。

インド絹の糸繰り子

バンガロールから少し南に下るとミソールだ。何千という観光客たちは有名なマハラジャの宮殿を訪れて、呆気《あっけ》にとられる。しかしバンガロールとミソールの間にある小さな町ラマナガラムに足を止める外国人はいない。腐臭が鼻をつき、空にはハゲタカが舞う。蚕の繭《まゆ》の死骸の山をねらっているのだ。ここは絹の産地で、繭の処理を専門にしている。毎朝、牛車の群れが積み荷を吐き出してゆく。千軒を越える町工場が繭の糸繰りと絹の糸巻きだけで生計を立てている。

舗装されてない路地は牛車もすれちがえないほど狭い。家はどれも同じような作りで、一階の石灰を塗った壁に窓はほとんどなく、狭い入口が一つあるだけ。中をのぞいても、ぼんやり見える程度だ。縦横四、五メートルほどの部屋の片側にカマドがあって、二つの大鍋では繭が煮立っている。反対側には器械が八台並び、一台に子どもが二人ずつ、濡れたコンクリートに素足で立って、両手で休みなく熱湯の中から繭をつまみあげている。小さな女の子は他の子どもよりも動きが遅い。五歳半で数週間前に仕事を始めたばかりだ。その相方《あいかた》は十二歳、働き始めて六年になる。少女は手を見せてくれた。しわまみれの手は働き通した老婆の手だ。「朝から晩まで、手を焼いているようなものだから」。子どもたちは日の出から日没まで働いている。休日はないのだろうか。「あるよ。停電すれば、器械が止まるから」。子どもたちは話したがらない。夜、家に帰ってからでも、そうだ。「この仕事にはみんなうんざりしている。仕事のことは考えたくない、頭にあるのは、それだけよ」。ここで働く人々の半分、つまり弱いほうの半分は数年しか働かない。ある日、工場主が明日から来なくていいと言う。それで終わりだ。結核にかかっていて、儲けがでないという烙印なのだ。

百人ばかりの子どもたちを雇っている大工場の所有者はこう言う。「人工の絹との競争、新しい技術、喉元にナイフをつきつけられているみたいですよ。子どもっていうのは生産性は低いです、でも雇ってやらないと、飢え死にしかねませんから……」。彼のせっかくの善意も、町で「事故」にあった何人かの若者たちの健康問題まではとどかない。この若者たちは若い女性労働者たちに対するセクシュアル・ハラスメントに抗議して行動に立ち上がったのだったが、ある雇用者グループの手下たちに襲われ、自転車のチェーンで殴られたのだった。

茶の大農園で働く少女・ラディカ

日の出までまだ二時間はある。インド南部、ヴァカンスを楽しむ金持ちたちにとっては緑の楽園ニルジリスの山地は寒い。ラディカ、十三歳はすでに起きだしている。ラディカは朝食の準備をし、一日分の水を汲んでおく。母親は身体がマヒして動けないからだ。ぐずぐずしてはいられない。森を通って十二キロ近い道を歩き、コタダの茶の大農園《プランテーション》に始業時間の八時半までに着かなければならない。

ラディカの属する部族は数年前までは森で狩猟と採集で暮らしていた。政府の開発計画によって部族は四十棟ばかりの小屋の立つ小さな村に移住させられた。父は補償として小さな耕作地を受け取った。そこでコーヒーを栽培して、へとへとになるまで働いているが、家族を養ってはゆけない。どの家庭もそうだが、父親たちは子どもたちを働きに出して、なんとかやりくりしている。

お昼の一時間の休憩をはさんで、ラディカは八時間さまざまな「雑用」をこなす。殺虫剤の袋を補給し、茶の苗をそろえ、運搬する、摘まれたばかりの茶葉の選別などなど。大人に任される仕事ほどには実入りがよくない。ラディカは一日に七ルピー【約十九円】稼ぐ。米一キロ分だ。年末には月収の二五％になることもある勤勉ぶりに応じたボーナスをもらうが、ラディカには問題がある。ラディカは定期的に仕事に就くことができないのだ。村に残って父親の手伝いもしなければならない。集団の農作業があったり、母親の世話をしたりもする。天気が悪いとき、とくに雨季は農園での仕事に加えての往復二十五キロの森と山の道を通うのは文字どおり無理だ。雇用者には働きが悪いと言われ、父親には稼ぎが足りないとみられ、ラディカは「悪い働き手」である。

ラディカの夢はこの茶畑の摘み子になることだ。摘み子になれば、日に十二ルピー稼げる。こうして農園住まいができれば、つらくて危険な往復をしなくてすむ。しかし、ラディカの夢は雇用者の勝手気ままな手の内にある。いろんな部族の少女たちが職を求めて大農園の入口に殺到している。どの村でも、子どもを一日中小学校へやるだけの余裕のある家庭はまれだ。小学校は遠く十キロも離れているし、そもそも仕事に就くにも、生活条件を改善するにも小学校はなんの役にも立たないのだ。

家政婦・シャビタ

シャビタは十歳、バングラデシュの小村に暮らしている。一年前に父親を亡くした。父親は長女の結婚費用を工面するために、主人にかなりの額の借金をせざるをえなかった。借金を申し込むとすれば、この村の大地主以外にいなかった。不幸にも父親は負債を残して死んだ。家族は五人、下の二人はまだ幼かった。働いてお金を稼げるのは母とシャビタだけだった。

父親が主人にどれだけ借金していたか正確なところは誰にもわからなかった。借金の凄まじい取り立てが始まった。嫌がらせもつづいた。解決策として姉のスミタが自分の持参金を家に戻すよう求められたが、持参金を使いたがっている夫との間で諍《いさか》いがあって、それも望めなかった。それにこのことがまた、精神的、肉体的苦労やもめごとの元となった。

シャビタは昼間は主人の家にいて、家政婦として文字どおり何でもやる。決められた仕事や予定があるわけではなく、奥様に呼ばれれば、いつでもすぐに動けるよう準備していなければならない。片付け、はき掃除、ふき掃除、買い物の運搬、野良犬を追い払ったりなど、シャビタは父の負債を返そうと懸命に働く。そしてわずかなお金を家に入れて、生計の足しにしている。シャビタは自分の仕事をどう思っているのだろうか。とくに好きなところ、我慢がならないところがあるのだろうか。改善してあげられるとしたら、何があるのだろう。シャビタは何も答えない。まるで言葉がわからないかのようだ。自分のことを考えるって？　自分の将来を思い描いてみるって？　いや、頭にあるのはただひとつ、負債を返すこと。

スリランカのれんが工たち

ワイッカラはコロンボ郊外の小さな町、れんがと瓦の生産地である。国連の指導の下に、子どもたちを集めて意見を述べさせる集会が組織された。わたしたちは子どもの権利条約の意識化運動の最中だった。約二百人の子どもたちがやって来て、さまざまに発言していた。男の子ばかり十人ほどのグループがひときわ人目を引いた。みな、ひどい身なりで、付き添いもなく、騒ぎ立てていた。主催者側が少し静かにするように注意したほどだった。子どもたちはきっぱりと言い返した。「言いたいことがたくさんある。けれども、ここで発言権があるのは学校へ行っている子どもたちばかりじゃないか」。念入りに打ちあわされていた儀式が横道に逸れはじめた。かつて経験したことのない、コントロール不能のメッセージが飛び出す恐れがあって、主催者側は緊張した。そこに子どもたちが不意打ちをくわせた。グループの一人がわたしに直接こう言った。「何を言いたいか知りたいなら、ここにいてはだめだよ。ぼくたちの働いているれんが工場へおいでよ。話すから」。わたしは夢かと思った。話は即座にまとまった。

集会終了後、わたしたちはれんが工場へ向かった。歩いて。「だって、ぼくたち、毎日こうして仕事に行くから……」。道すがら、わたしはここにある十八の会社がそれぞれ労働条件も賃金も労働環境も異なることを知った。どの工場も大人に混じって子どもたちが働いていた。驚いたことに、子どもたちは頻繁に職場を代えていた。簡単に別の会社に移るのだ。子どもたちは工場のどんなにささやかな変化をも知っていて、いち早く気づいたものがそこで雇ってもらうのだ。「問題はないかって？　ぜんぜん。出来高で日払いだから」。しかし、わたしを案内したこの子どもたちは少し違っていた。みな同じ工場で働いている。このチームを結成し、この工場に固定するまでに二年かかった。ある老いた労働者の考えに従ったのだ。「何人かで同じ職場にしがみついてないと、生きてゆけないよ」。

工場に着いた。静まり返っていた。休日だった。ガードマンまでもが祭りに出かけていた。「毎日していることを見せるよ」。子どもたちは配置についた。機械を稼働させ、説明を加えながら、製造工程を案内した。「ここは危険なんだ……、この部署は疲れるよ……、この機械は子どもは触ってはいけないことになっているけれど、見て！ 動かすから……、この仕事は女の人がやる……、ここは交替でやっている、こうすると休めるから……」。わたしは子どもたちのまじめさと専門的能力に驚かされた。と同時に適格性のある労働者とは認められず、軽視されていると感じて苦しんでいるのにも驚かされた。子どもたちのあらゆる要求の骨格を成している、自己の尊厳の抑えがたい欲求が沸き立っている。わたしたちがジュネーヴで用意している条約文よりも子どもたちのほうが進んでおり、また飛び抜けてもいる。

一時間ばかり経ったころ、一人の大人が怒号をあげながら向かって来た。手に警棒をもっていた。ガードマンだ。子どもたちは何も壊してないし、盗んでもないと言い、わたしについてもジャーナリストでも警察でもなく、たんなる友だちだと説明した。ガードマンは自分の生活もけっこう厳しいと言った。

ホテルへの帰り道、十五歳を頭にした働く子どもたちはこう言うのだった。「国連に、働きたがっている子どもたちを工場から追い出してはいけないって法律が必要だって言ってよ。それにもう一つ、働いているときでも少しは勉強ができる法律が必要だ、ともね」。

車を洗うペドロ

ペドロは十一歳だ。両親と六人の弟や妹たちとマニラで暮らしている。毎朝学校へ行くが、午後は働いている。車を洗っている。学校が終わると、少し休んで、午後三時頃には数人の仲間とハリソン・プラザの駐車場で仕事に就く。車が止まると、駆け寄って、運転手に洗わせてくれるように頼む。決まった料金はない。運転手が判断してチップをくれる。ペドロは日に平均十二ペソ【約二百円】稼ぐようになった。まだ三十ペソを越えたことがない。稼いだお金は全部両親に渡している。汚れるし、疲れる仕事だが、なによりも運転手が子どもたちのことを気にかけないので危険なのだ。この仕事には慣れたが、じつはもっと稼ぎのよい仕事を探している。ペドロは自分の将来が「失業」と呼ばれるものであることを知らない。ペドロは一つの夢を信じている。大きくなったら、とペドロはニコリとして言う、弁護士になるんだ。

修理工・セイド

セイドは十四歳、数年前からカイロの自動車整備工場で働いている。少しずつだが、座席の修理にかけては上手くなった。「ある日、客が車で来た。主人はいなかった。初めてぼくは一人で注文を受けた。やったよ。客は喜んでくれて、チップをたくさんくれた。主人には何も言わなかった。知れば、きっとぼくを殴るから。でも手に職をつけたければ、一人で仕事ができなきゃと思う」。セイドは五人兄弟の長男だ。小さいころは学校へ行っていたが、火事になって、セイドの出生証明書や成績書がなくなってしまった。家が貧しく両親が読み書きができないとなれば、役所とうまくやりあって新たに証明書を発行してもらうのは不可能だ。こうしてセイドは働くことになった。
セイドは児童労働を卒業する年齢に差しかかっている。もうすぐ大人たちのジャングルに、職業資格と生存競争の経験、つまり大人たちが「抜け目のなさ」と呼んでいるものがその武器である競争の世界に飛び込まなければならないと自覚している。セイドはこの数年間、なんとか家族に養ってもらわなくてもすむ程度の給料しかもらえない、わずかなミスですぐに殴られる見習い期間を辛抱しなければならなかった。とりわけ初めのころは化学薬品や機械による事故（仲間の一人は片手をもぎ取られた）の恐怖に脅かされた。セイドは職業を得るため、自ら開業するために、すべてを一種の憤怒とともに腹の奥の奥に押し込めてきた。セイドには夢がある。父親がセイドの頭に植えつけたが、毎日少しずつ遠ざかってゆく夢だ。読み書きを習いたい。

観光ガイド・ジョアオ

ブラジル北東部の歴史ある都市オリンダには、奴隷の三角貿易がおこなわれていた頃アフリカから多くの船が到着した港がある。教育活動の期間中であったが、わたしは時間をつくって町へ散歩に出た。百メートルと行かぬうちに五、六人の子どもたちに取り囲まれた。ブラジル・ポルトガル語は無論のこと、片言の英語、スペイン語、フランス語、日本語とあらゆる言語が飛び交った。だいたいがこんな具合だ。こんにちは、どこから来たの？　旅行なの？　大聖堂？　市場《いちば》？　バー？　手がいっせいに差し出されるが、意外にも小銭をせがむのではなく、プラスチックのカードを見せようとする。顔写真に名前と年齢、登録番号まで載ったカードにはブラジル・ポルトガル語と英語の添え書きがあって、本カードの所持者は旅行者の信頼できるガイドである、とある。苦情は市の観光課へお寄せください。ご寛容の心をどうぞ、とつづく。ある団体が子どもたちをグループにまとめることを思いついて、旅行者に話しかけ、オリンダの観光スポットを案内するための最小限の訓練を施した。この活動は市によって認められ、この認証カードを持った子どもたちは警察官に追い立てられることもあまりなくなった。

わたしはあまり時間がないが、昔のアフリカ奴隷の市場の遺跡に興味があると言った。十三歳のジョアオは飛びあがって喜び、ぼくはだれよりもよく知っている、ガイド料は一ドルだよと言った。交渉成立。ジョアオはわたしに感動に満ちた三十分を過ごさせてくれた。とくに奴隷市場の遺跡では、ポルトガル語が一言も理解できないわたしに細々と説明しながら、想像力を巧みに操ってなんとかわからせてくれた。ジョアオは国際観光ガイドの本物のプロフェッショナルだ。

歴史的な奥行きをもった顔、顔、顔

わたしたちは今しがたともにしたこのささやかな旅で何人かの子どもたちに出会ったが、わたしたちができたことは子どもたちのスナップ写真を撮ったようなものなのだろうか。それでも子どもたち一人ひとりは歴史的な奥行きをもっており、ちょうど上の階へゆくには階段かエスカレーターを使わなければならないように、わたしたちは何にもましてこの歴史的な奥行きを考慮に入れなければならない。この二十年間、働く子どもたちを対象にしたさまざまな研究や行動計画は枚挙に暇《いとま》がないほどだ。政府によるものであれ、非政府のものであれ、児童労働における搾取との闘いの成果という観点から見て、こんなにも多くの試みがどちらかと言えば失敗の印象しか与えていないとしたら、それはたいていの場合、わたしたちが子どもたち一人ひとりがその肩に背負っている歴史の重さを十分に真剣に受けとめなかったからだ。実際ほとんどの研究や活動が、予測不能な、それでいて火急の対策が要請される火山の爆発か津波にでも対処せざるをえない時のような緊急計画に従って構想されている。これでは、働く子どもたちとの出会いはどうしても即席の（スナップ的な）ものにとどまらざるをえないのだ。

この歴史的な奥行きは相互に補完しあうさまざまな容貌を見せてくれる。その一つが働く子どもたちが地球的規模の変貌のなかに、より正確には世界の住人たちの変貌のなかに占める地位の変貌である。わたしたちは児童労働をとおして、この人類永遠の問題、すなわち人類の成員一人ひとりの要求に見合った答えをもたらすための労働力の管理の問題と向き合っていることを決して忘れてはならない。

社会の現実はすべて歴史的発展の結果である。しかし実を言えば、ここで問題にしているのはそのことではない。子どもたちが、無数の子どもたちが、まるで数百年前の子どもたちがそうであったように暮らし、働いている。この意味で過去は常にわたしたちの目の前にある。これらの子どもたちが自らの状況を判断するやり方にわたしたちがなんらかの価値を認めたいと思うかぎり、わたしたちはわたしたちの観測点（一九九八年のヨーロッパ、さらにはこのことが意味するものすべて）からできるだけ遠ざかり、見つめようとする子どもたちがいる場所に可能なかぎり近づくことが必要である。

ところで、労働はすべての子どもたちを同じ歴史的時間枠に置くわけではない。だからわたしたちは後方に歩む、つまり時間をさかのぼらなければならない。こうすることによって、現代の生活条件の始まりを意味する信じがたいほどの時間的飛躍を理解できる。この生活条件はわたしたちにとっては習慣からごく普通のことに見えても、働く子どもたちにとってはまったく新しい体験であるので、理解しがたい、そら恐ろしいものである。

わたしは本章をフランス南部のアリエージュ県【スペイン国境沿いピレネー山脈中部にある】で書いている。この地方には歴史の名残りが数多く残っている。旧石器時代の遺跡を訪ね歩いていると、突然、クロストラの網状洞窟内の化石化した泥にくっきりと刻まれた子どもの足跡が出現する。まさに数万年前の「働く子ども」との思いがけない出会いである。あの日、この子はそこで何をしていたのだろうか。家族のために薪《たきぎ》を集めていたのか。石斧の工房へフリント（石刃）のかけらを運んでいたのか。部族の男たちと一緒に何時間も鹿か猪を待ち伏せていたのか。この子は自分の任務に誇りを感じていたのだろうか。疲れて倒れそうになっていたのだろうか。児童労働のここ四半世紀にわたる傾向を概括し、その考察の構成に余念がないわたしの目の前で、働く子どもたちはこの洞窟の子どもの足跡を通して、まるでわたしの近視眼をどっとあざわらうかのように、わたしのまなざしを三十万年の彼方へと向けさせるのだった。

ところで原住民と呼ばれたりもする先住の人々は今日、約三億五千万人を数え、地球上に約五千の集団として散在している。これらの民はいくつかの国々では無視できない重みとなっている。例えばインドではインド亜大陸の住人の七・五％を占めている。これらの民は政府のことさらに攻撃的な同化政策や、開発計画や多国籍企業の戦略による生活領域の破壊、さらには直接の犠牲者となるさまざまな攻撃にさらされていて、事実すべての民が数千年前の先祖と同様の生活条件の下で暮らしているわけではない。それでも、これらの住人の子どもたちの大部分は、一部の例外を除いては、国の社会的、教育的なサービスを受けぬまま、数世紀前と同じ生活条件の下で暮らしている。共同体の生活は全体として、狩猟と釣りと原始的な農業を基本とした自然との直接的なふれあいを中心にしている。このような共同体にあっては子どもたち全員がさまざまな経済活動に参加することは生きるために必要なのであり、またこの必須の活動が基礎的な教育とも、共同体および諸個人が生き延びるための保証ともなっている。

しかし、ここ数世紀、このような生き延びるための差し迫った圧力は弱まっていて、子どもたちにその責任が分担されるのは共同体の任務の一部門だけに少しずつ限られるようになった。子どもたちの肉体的、精神的な力に見合った軽い任務、もともとは大人たちの仕事でさして緊急性のない任務、例えば家の手入れ、弟や妹の世話、水汲み、薪《たきぎ》拾い等々、要するに今日専門家たちが家事労働と分類しているものである。森での生活、あるいは小さな村の田舎暮らしでは（つまり限られた空間の生活では）子どもたちは大人たちと一緒に生きているので、成長するにつれて多かれ少なかれ身近な仕事に参加するようになる。家畜の監視、果実などの摘み取り、作物への水やり、運搬などだが、これらは一人ですることはまれで、子どもたちのグループでおこなわれる。家族や共同体の経済生活の一助となりながら、この仕事は子どもたちにとっては加入儀式《イニシエーション》の手段であり、同時に見習いの方策、社会化【個人が他者との相互行為を通して、その社会（集団）に適合的な価値や行動様式を身につけること】の過程でもある。かつてそうであったように今日でも、数千万人の子どもたちが一日の主要部分を、その生涯にわたる宿命となる家事労働と農作業に割いている。

パーセンテージこそ小さいが、かなりの子どもたちがはるか昔からの伝統により、家業の職人仕事に専念させられる。機織《はたお》り、刺繍、木彫り、石彫り、角《つの》彫り、宝石彫り、陶芸、金銀細工等々。これらの職人の家では、子どものうち少なくとも一人は家事労働を免除され、ごく幼いころから、ときには四、五歳から家業を習わされ、多年にわたる修行期間を経て、その後を継ぐ。こうした子どもたちと言葉をかわすと、親方のレベルまで到達するのに何年もの努力を必要とする、鋭い自覚をともなった職業資格に対する誇りが直に伝わってくる。しかし、たとえ徐々に子どもが生産の一部を引き受け、家族の収入を増やすようになるにしても、実際のところ、その本当の経済的価値は長期的には家族の仕事場を大きくし、老いた両親の必要に応える能力で計られる。

ここ数世紀来、大規模な建設工事のための巨大な需要は、専業的に従事する地域住民に支えられた木材、れんが、石材などの重要な産業を巻き込んできた。住民たちは家族全員が働くだけでなく、生まれてから死ぬまで建設工事現場で生活している。子どもたちも仕事を持ち、六、七歳になれば立派なフルタイムの労働者となる。数世紀この方、変わることなく数十万人の子どもたちが泥土やれんがの粉塵のなかで、石を砕く火花のなかで生まれている。子どもたちは生涯、同じ道具を手に、同じ技術、同じ材料を用いて、先祖と同じれんがを作り、同じ石を砕く。この子どもたちの労働の産物が十二世紀のムガール帝国皇帝のモスク、十七世紀のカトリックの大聖堂あるいは現代のパキスタン航空の事務所の建設にそれぞれ有用であったところで、その違いはわたしたちには大きくとも、当の子どもたちにとって本当に大きな違いがあるのだろうか。

植民地として制圧された多くの国々では、帆船を襲う突風のようなものすごい力で、子どもたちが働かされ、搾取された（じつのところ、過去の出来事をあげつらうことは正しいことなのだろうか）。しかし、通常は子どもたちに対する直接的な行動ではないにしても（その結果は恐ろしくひどいが）、住民の財産の最大限の収奪（土地収用など）に合わせた国全体の再組織化は、多くの住民の極限的な飢餓の恒常化を招いている。こうして、もっとも脆弱な社会階層の子どもたちは生き延びるために「なんとかしなくては」ならなくなる。働くことは徐々に共同体の生活への参加ではなくなり、たんに生き延びるために必要なこととなる。労働は生活の遊戯的な側面とはっきりと区分され、その決定的な対立物となる。これはいくつかの地方の文化にとっては深刻な一大変動である。

児童労働にすぐさま影響を及ぼす変化はまず、大規模農場あるいは商品作物生産を専らとする大企業の出現である。子どもたちは大農場や大企業に雇われる。両親に定められた収穫高に達する手助けにと間接的に雇われたり、独自の収穫高をあてがわれた賃金労働者として直接雇われたりする。征服者たちの力はまちまちでも、国による違いはほとんどなく、子どもたちは軍隊であれ、正規の警察であれ、私的な武装集団であれ、いずれにせよ残忍な治安部隊の監視下で極めて苛酷な労働生活を体験する。この奴隷なみの、ときに厳密な意味でまさに奴隷の条件に、さらに外国への、あるいはインドやブラジルのような広大な国土をもつ国なら国内の一地方から一地方への労働力の大量移動が加わる。

もう一つの変化は、十九世紀の工業生産における新たな機械と技法の導入である。ここ百年間の技術的な進歩により、昔の機械と技法は完全に時代遅れとなった。しかし、それは古い機械と技法が解体されたり、破棄されたりすることを意味しない。ある工業部門の、しかも近代的な大企業や多国籍企業の下請けとして働くいくつかの専門企業によるインフォーマル部門では今も使われている。この旧式の機械と古い技法を用いるこの種の企業で子どもたちが仕事に就いている。例えば、インドのラマナガラムの絹糸工場で、わたしは製造場所と製造期日が刻印されたイギリス製の機械を見たことがある。一番古いものは「マンチェスター　一八二三年」とあった。わたしを招いてくれた企業家は誇らしげに、先祖が紡績業を始めてこの方、何一ついじってないと言った。はるかに高性能な日本製の新型機械と競合している業界で、この伝統こそがナンバー・ワンの武器だなどとまくしたてていた。それとは逆に労働組合の活動家たちは、競争力を保っていられるのは子どもたちを雇っているからだと言った。この工場でフルタイムで働く子ども労働者は七十名を数えた。

読者の皆さんには本稿の意図を取り違えないでいただきたい。社会における児童労働の位置の進化に関する歴史的研究やましてやその概括を提起しようしているのではないからだ。ただ、いくつかの事例から、就労している子どもたち一人ひとりはなるほど現代の世界経済秩序に位置付けられてはいるが、しかし非常に多様な形態をとった関係のなかに置かれていることを強調したいのである。しかもそれらさまざまな形態自体が、子どもを観察するためであれ、子どもに行動計画に基づくサービスを提示するためであれ、わたしが今いるこの時代とは別の、それぞれの時代に子どもを位置付けている。わたしが自分を救世主と思ったり、人々をその意志に関係なく救おうとしたりすることは論外としても、わたしと子どもたちとを隔てているあの溝の存在を忘れるなどということはあってはならないことだろう。どんな理由にせよ、わたしがあの子どもたちの一人に近づくときはいつでも、わたしはその子どもをその溝を越えてわたしの前に呼び出しているのだ。つまり子どもたちにとっては数世紀前に位置する出発点から、わたしが生きる第三の千年紀のあけぼのにあるこの世界を到達点とした跳躍である。この子どものまなざしができることは、一つの疑問、このページを書きすすみながら絶え間なく浮かんでくる、あんたはぼくをどこへ連れてゆきたいの、という疑問をわたしに突きつけることだけである。そして、必ずしも現代の世界はこの問いかけに明快な回答をしていないし、その回答も働く子どもたちの同意を得ていない。

　さらには、もう一つ別の児童労働の歴史的根強さという一面がある。つまり、働く子ども個人の歴史に根ざした強さである。幼少時から大人の年齢なみの責任をもたされるまでの移行期が表わすものは（人間だれにでも共通する冒険物語ではあるが）、その重要性は理解できるが、ここではひとまず脇に置いて、働く子どもたちをとりまく条件に結びついたいくつかの様相に注目しよう。働く子どもの個人の歴史とは、家族や地域社会の圧力の下で、働く者の条件のなかに逃れようもなく着々と組み込まれてゆく歴史である。この働く者の条件こそ子どもの通常の生活の場そのものであり、ごくまれな例外を除いて生涯それは変わらない。同時に、この働く者の条件はさきほど見たように、子どもに人類の歴史的発展における普通の位置を与える。ところで、わたしたちが取り上げている数億人の働く子どもたちは国境や文化的な特殊性を越えて共通の特徴をもっている。つまり皆、貧困限界線の下で暮らす人々のなかにいる。言い換えれば、子どもたちは将来像が毎日の日没のレベルを越えない家族に生まれ、大きくなっている。それは生きるための唯一の規範がその日一日を生き延び、もし神々がほほ笑めば翌日もう一日生きることであるからだ。ここには暴力的な状況が内在している。しかも働く子どもの場合は二重に暴力的である。つまり、極端な貧困は歴史の流れを遡行する（人類が常に福祉の向上を求めているとして、だが）だけでなく、発展途上の存在である子どもの人格形成過程を遡行するのである。

こうして子どもは、生まれたときから、暴力、この一つの言葉に要約せざるをえない世界に浸される。まず第一に、生き延びるための家族の闘いに積極的に参加するか、少なくともこの闘いの足手まといにならないようにするのでなければ、常に「何かする」ことを求める、生活の暴力である。何かするとは、すなわち働くこと、基礎的な価値となること、時間と空間、社会的な諸関係、さらには個人および共同体の文化的世界を構成する価値となることである。世界のほとんどの働く子どもたちの脳裡を去らぬものは失業である。失業こそ、青年期に入るや決して陥ってはならぬものだ。生き延びること、一般的には悲惨な生活から抜け出すこととは、多少とも継続した雇用形態で労働と時間との関係をしっかりと築くことだ。

そして次に、わたしたちがジャングルの掟と呼んでいるこの弱者に対する強者の残忍な行為という暴力である。子どもたちがまわりの出来事を見つめ、聴き取り、心に刻むのは、世界中どの子どもたちも変わらない。しかし貧しい家庭の出来事は残忍さに彩られている。貧しければ、村の井戸で順番待ちの列を崩されても文句も言わずに引き下がらなければならない。町役場が貧民街を縦断する道路計画を決定すれば、移住して、粗末な小屋を建て直すしかない。警察官が家に入ってきて姉を引き立てていっても、泣きながら姉の運命を受け入れるしかない。市役所の官吏が何かの手当てを半分ピンハネして渡しても、ありがとうございますと言うほかない。れんが工場の主人が雨で傷んだれんがの代金を給料から差し引いても、労働者たちが反抗すれば、棍棒で殴打されて沈黙させられる。子どもは大きくなるにつれて、身をちぢめて黙っているということの（天性に反した）堪え難い義務を内に秘めるようになる。家族と離れて仕事に就けば、子どもを待っているのは雇用者たちのいつもながらの残忍な鞭《むち》の雨である。雇用者に直接ののしられ、ぶたれるか、少しは世間を知った雇用者なら班長か自分の手下、警官など身代りを使って殴らせる。それもたんに法に触れないというだけの理由からだ。

インド・フィロザバードのガラス工場で働くインド人少年から直接聞いた要求が、わたしがこれまでに聞いた要求のなかでももっとも強烈なものだ。雇用者の了解を得て、何人かの子どもたちに仕事を離れて話を聞いたときのことだ。すべてが終わって、子どもたちとの別れ際にわたしは女子学生の通訳に付け足すことはもう本当にないのか確かめてもらった。すると十一歳の少年がおずおずと言った、「この女の人の髪の毛に手でさわってみたいな」。これがもう一つの世界、毎日の暴力が支配する世界の反対側にある優しさの領域へ向けた、この少年の究極の叫びだ。少年はジャングルの掟によって動く世界へと劇的な悪化の一途をたどっている長い人類史のただなかにいることを明瞭に示しているのだ。一人の働く子どもの顔を見いだすとは、この子どもとともに、この子どものために築こうとしているのはいったいどんな世界なのだろうか、という本質的な疑問に自ら向きあうことである。

第三章　働く子どもたちの主要形態

わたしたちの子どもにどんな将来を用意したらいいのかというわたしたちの疑問に、果たして唯一の回答なるものがあるのだろうか。あの労働者である子どもたちは、みな同じ顔をしているのだろうか。実際、あの子どもたちと初めて出会って驚かされるのは、子どもたちが置かれている状況の多様さだ。そのあまりの多種多様さをどうやって整理したらいいのだろうか。この子どもたちをどうやって大きく五つか六つのカテゴリーに分けたらいいのだろうか。否、わたしはここで大学の講義のように、社会的現実についての特殊なビジョンを描くための科学的に確固とした論拠に基づいて児童労働に関する一つの命題を打ち出そうとしているのではない。しかし、児童労働を入念に分類しようと試みることは、対話の第一歩であり、いわば闘牛場に降り立ち、短い槍か長槍か、それとも剣か、使用する武器をはっきりと示すことである。というのは闘牛の角を素手でつかむなんてことは、言葉の本来の意味でも比喩的な意味でも滅多にないからだ。言い換えれば、子どもたちの生活のいくつかの様相とすでにわたしのものである確信あるいは習慣との往復運動を展開することが必要なのである。

一九七九年の国際児童年につづいて、国連はチュニジアの専門家アブドゥル＝ワッハーブ・ブーディバに世界の児童労働に関する特別報告をまとめるよう求めた。報告書【原注2】は一九八二年に提出された。資料として少々古くなったとはいえ、この報告書のもっとも有用とされる成果の一つは、児童労働の類型学を練り上げたことであり、この有用性は今後も変わらない。ここでは労働をとおして子どもと家族との間に形成される多少とも変動性のある関係を分類基準として、子どもの家族との結びつきが希薄になればなるほど、搾取の危険性は増大するとの仮説が提示されている。どのような基準もそうであるように、この選択も討議されてよいし、またこの基準だけでは十分ではない。しかしながら、子どもが発達するうえで家族が果たす重大な役割は、大家族であれ核家族や片親家族であれ、万人の認めるところである。たとえ雇用形態、契約、報酬、仕事の場所など、子どもの仕事と家族との関係に直接にかかわる側面にしか責任を持たないとしても、家族はやはり最も基本的な重要性を持ちつづけている。

ブーディバは家族の枠内で仕事に就いている子どもと家族の枠の外で働く子どもとを区別し、さらにはそれぞれの場合でも子どもと家族の間に仲介者がいるかどうかで区別するよう提案している。そのうえで「特殊な例」と呼んで、（住み込みの）家政婦、債務奴隷、児童売春の三つの特殊な状態を付け加えている。この三つのカテゴリーを別にしたのは、全体と比べて多少とも一定しない雇用形態に注目したからだけでなく、搾取の論理が、さまざまな社会的行為者【訳注1】の働きによって雇用形態上の制約を受けるために、搾取の論理そのものとずれているからであろう。

左は、わたしが便宜上そのまま援用させてもらおうと思っているブーディバの分類表である。

一、家族の枠内でおこなう仕事
　A　仲介者なし
　　1、家族でおこなう農業
　　2、家族でおこなう職人仕事
　B　仲介者あり
　　3、出来高払いの職人仕事

二、家族の枠の外でおこなう仕事
　A　仲介者なし
　　4、自分の責任でおこなう手間仕事
　B　仲介者あり
　　5、第三者の責任でおこなう手間仕事
　　6、農業の季節労働者
　　7、見習い
　　8、「スウェットショップ・システム」

三、特殊な例
　　9、(住み込みの) 家政婦
　　10、債務奴隷
　　11、児童売春

1、家族でおこなう農業

児童労働における統計の問題については後の章で触れるとして、ここでは仕事に就いている子どもはその大部分が地方にいて、基本的には農業に従事していることを指摘するだけにとどめよう。都市中心部の極端なまでに急速な開発とおびただしい数の出稼ぎ者の発生にもかかわらず、開発途上国では相変わらず地方に圧倒的多数の住民がいるだけでなく、地方住民は働くための最小単位が家族となっているからである。そこに働く子どもたち、ことに幼い働く子どもたちが多くいるのである。実際、一方に地方住民の貧困があり、他方では必要に応じて受けられる社会的サービスや教育が不足しているために、家族として生きることは子どもにとってはごく普通のこととして家族の活動すべてに参加することを意味する。

子どもたちに任される仕事には二種類ある。一つが家事の手伝いで、実際はママの手伝いである。家やその周囲の掃除、皿洗い、洗濯、水汲み、薪《たきぎ》運びなど、子ども、特に少女はしだいに母親に取って代わるようになり、母親はより直接に報酬に結びつく活動に移る。次がいわゆる農作業で、ここで職務の性的分化が生じる。つまり果物、野菜、穀物の取り入れ、運搬、選別と畑の水やり、手入れ、そして家畜の見張りである。

こうして地方の状況を一瞥しただけでも、児童労働を理解するうえで重要な二つの要素が浮かび上がる。第一は、労働条件の厳しさである。それは目先の経済的利益を求める搾取の厳しさだけでなく、地方での労働の苛酷さでもある。気象条件が厳しいため疲労は早く、外界からの攻撃（昆虫、爬虫類その他さまざまな動物）がつづき、固い土地、時代遅れの道具、遠方の仕事場、長時間労働、これらすべてが子どもたちの健康を阻害する。その結果、子どもたちは生まれてこの方、生活環境の一部とすらなっている厳しさに慣れてしまい、永遠に消えぬ刻印とする。第二の要素は、子どもたちが田舎の家族のもとを去って都会へ行けば得られると思っている、もう少し楽な別の生活に抗しがたく魅きつけられることである。都会へ流入してきた子どもたちを故郷の村へ帰そうとする各国政府の大変な努力が結局はいつも通りの失敗に終わるとき、少なくとも言えることは、その子どもたちはわたしたちにもっと間近から地方の厳しい生活条件を見つめてほしいのだ。わたしたちが受け入れがたいと思うような大都市の路上や貧民街の生活を経験した後でさえ、子どもたちは地方の生活よりは都市のほうを好むのだから。

2、家族でおこなう職人仕事

わたしたちの定義で言えば、職人とは一つの物をその製作過程全般にわたる習熟した技術をもって作成する労働者を言う。職人仕事は都市でも農村でも広くおこなわれている。職人仕事は家族の需要はむろんのこと、まわりの住民の差し迫った需要に応えるものでもある。住民がそもそも貧しく、自分たちの基礎的な需要に応えるためにしかお金をかけられないので、職人仕事から生み出される製品は伝統的なもので、進歩はあまり見られない。子どもたちは陶芸、籐細工、機織《はたお》り、刺繍、皮革工芸、ブリキ細工、簡単な木工などに従事する。これらの仕事の他に、季節、家族の求めにより、家事労働や農作業にも加わる。

農業がそうであるように、家族全体が参加する職人仕事は、その見習い過程および子どもの社会化としての価値が伝統的にも広く一般的にも認められている。インドが一九四七年に独立を勝ち取った後、数億人の子どもたちの教育というとてつもなく大きな任務に取り組むことになったとき、ガンジー【マハトマ・ガンジー。インド独立運動の指導者】は、教育システムのなかにこのような家族的職人仕事に基づいた「技術的な」訓練を含むよう強く求めた。だが、この試みも経済的な収益性の圧力のまえに破綻させられてしまったが。

まさに、この職人仕事による生産が伝統的であるという事実が、観光客による急激な需要の増加によって高まった市場圧力をうけてこの生産をますます脆いものにしている。一方で、住民のなかでももっとも貧しい階層の人々がより貧困化することで必要最小限の品々ができるだけ安く手に入るようになる、つまり大企業によって市場に提供される近代的な製造物が求められるようになっている。ブリキやプラスチックの台所用品がその良い例である。他方、観光はこれら伝統的な品々を「みやげもの」として、その品の目的とともにその商品価値を急速に変化させている。こうして大量生産の観点から生産様式を変更し、家族的な枠組みをはみ出す傾向を生じさせる。

3、出来高払いの職人仕事

出来高払いといっても、製品も技術も、家庭という生産現場も同じであるので、仕事の外的な条件は「家族でおこなう職人仕事」とほとんど違いはないように思える。しかし、生産過程に仲介者が登場することによって根本的な変化が生じる。仲介者は二つの特徴をもつ人物である。まず仲介者はなにがしかの資本をもち、ある地域に割り当てた製品の独占的な流通経路を確保する。さらに仲介者は職人家族に原材料を供給し、製品の売れ行きを保証する。

家族でおこなう職人仕事とは、子どもの労働を習慣と伝統的価値に導く糸と、新たな搾取の形態に至らしめる糸とが絡み合った結び目である。職人の仕事場の製造企業への変身はここで起こるからだ。その行き着く先は大企業による工場生産である。田舎に散在する多数の職人の仕事場での生産が、商業網に合わせて強力に集中させられることは避けようはずもない。

ところで、この範疇《カテゴリー》の仕事を表わすのに職人仕事（アルティザナ）という言葉を使用しているが、少なくともフランス語を話す人々は、アルティザナと聞けば、独立した生産者、仕事の習熟、伝統に基づいた生産というイメージを喚起する。つまり、冷酷で人間味のないという共示《コノテーション》【言葉が内にもっている感情的、文化的意味】をもつ一部門に構造化された工場生産と対照をなすイメージ、好ましいという感情的意味を含んでいるイメージをアルティザナに対して無意識のうちに思い浮かべる。しかし、その現実はこの牧歌的な像とはずいぶん違っている。家内工場と明示すべきところをこの行政的なトリックで巧妙に言い換えた主要産業部門の推進を支えているのは、子どもたちを含めた無数の働く人々である。わたしが頭に描いているのは例えば、ここ数年メディアの強烈なキャンペーンの的となったインドの絨毯産業である。あるいは子どもの搾取で世界中に知られたインド南部、シバカシに生産の中心地をもつマッチ産業でも、花火産業でもよい。

本書が公刊される一九九八年はサッカーのワールドカップがフランスで開催される年でもあるので、一例として、数か月前からスーパーマーケットで売られている子ども向けのサッカーボールから、スタジアムの芝生を跳ね、テレビ画面を埋め尽くすサッカーボールまでの製造に触れてみるのも悪くはないだろう。サッカーボールの製造は世界の七〇%以上がパキスタンに集中している。この国は毎年、約二千万個のサッカーボールを輸出する。その一〇〜一二%はフランス向けで、パキスタン経済の外貨獲得への寄与は際立っている。サッカーボールの製造は総じてインド国境に近い、ラホール北東部の都市シャルコットとその周辺でおこなわれている。サッカーボールの製造を専門にしている企業は約四〇〇あり、そのうち二一〇の企業がパキスタンスポーツ用品生産者連盟に加盟している。サッカーボールの製造にフルタイムで従事している大人の労働者は四万二千人とされている。これら四〇〇の企業の大半は工場というよりは商品倉庫である。大手メーカーの求めに応じてプリント、裁断された革の端切《はぎ》れを、この地方の村や集落に散らばる無数の仕事場に配布する下請けたちに供給しているからだ。こうして、男の子も女の子も、家族総出でボールを縫う。できあがったボールは毎週集められ、家族はボールの質と量に応じて、出来高で支払いを受ける。子ども一人が、一日八、九時間の労働で一〜三個のボールを作り、大人の半分の給料を得る。月に平均七五〇ルピー【約二〇〇〇円】稼ぐ。約七千人の子どもたちがフルタイムで働き、ほぼ同数の子どもたちが学校の授業に合わせて半日だけ働いている【原注3】。

4、自分の責任でおこなう手間仕事

自分の責任で仕事をすることは、たとえその生活が苦しくとも、子どもにとって一つの進歩、家族の圧力からの一種の解放であり、他の働く子どもたちに比べれば一つの社会的地位の向上である。ありとあらゆる仕事があるが、恒常的に定まっているものはほとんどない。洗車、靴みがき、荷物運び、

まだ売り物になる果物や野菜の市場での選別などである。この種の活動は（専門とする者という語を使用するには）生産部門ではきわめて稀で、むしろ販売やサービス部門に多いことに注目しておきたい。

このような手間仕事においても、生き延びるためには何がなんでも働かなくてはならない開発途上国における働く子どもたちの状況と、お小遣いを増やしたいだけの先進諸国における働く子どもたちの状況とのあいだには根本的な違いがあることも強調しておかなくてはならない。

このなかでも「独立した」働く子どもたちは実は少数派である。というのは、たとえ端目には一人で活動しているように見えても、ほとんどの場合周辺の隠れたところで手綱を握っていて、儲けの何パーセントかを巻きあげる大人の存在に出くわすからだ。それでも自分の責任でおこなう仕事のイメージは働く子どもたちが抱く夢全体を覆っており、それゆえ真面目に受けとめてやるべきである。それらのイメージは働く子どもたちの心に大人への依存を少なくし、自分の夢のイメージとできる限り一致させようとする傾向を生むからである。

5、第三者の責任でおこなう手間仕事

このタイプの働く子どもたちは地方よりも都市部に多く見られる。子どもたちは小さな商店にいるか、原則として路上でおこなう仕事をする大人に付き添っている。運び屋、床屋、掃除屋、軽業師、動物の曲芸人などである。インドでおこなわれた調査によれば、この種の職業はじつに多彩で、その数は百六十種類に上った。物乞いはかつて第三世界でみられたような数や組織では存在しないものの、

子どもたちの相当数がやはり物乞いをつづけており、宝くじ販売などのより洗練された形をとっていることに留意したい。また、このような現象がヨーロッパでぶりかえしていることも見逃してはならない。

普通よく見かける子どもたちは単独か、一人の大人と一緒に働いている。こういう光景から職人仕事に近い、それゆえに好ましい仕事だという印象をうけるが、実際は大人への依存は、その活動全体が大人の習慣と意志に沿って構成されているので、たちまち搾取に変わる。子どもは抵抗するだけの力をもっていないし、出来高払いでおこなう職人仕事のように原材料を口実にして生産量を抑えることはできない。驚きというほかないが、このタイプの職業においては、生き延びるための解答は二つしかないと子どもたちが言っている。つまり、ほとんど子が親を思うような感情に基づいた大人の雇用者との関係を築き、それを友好的な師弟関係へと進展させるか、そうでなければ一刻も早く逃げ出すチャンスをじっと窺《うかが》うしかないと言うのだ。雇用者—被雇用者といった関係に基づいた和解案に到達する子どもはめったにいない。付け加えれば、このことは、状況がどうであれ、やはり子どもの心にある理想の家庭という影響力の強烈さを示している。

ところで、働く子どもたちのなかでも特殊なタイプ、子どものくず拾いについて少し触れよう。家政婦や召使として雇われる子どもたちにつづいて多いのが、おそらくこの子どもくず拾いに分類される子どもたちである。この子どもたちの集団は都市化の進行と現代生活から生み出されるごみの増大につれて、今も増えつづけているばかりでなく、組織化の非常にすすんだ過程に入っている。子どものくず拾いを、たんに路上で見かけるリュックを背負ってあちらで新聞紙や布切れを、こちらで古鉄やビンを拾い集める姿を想像するとしたら、それは間違いと言えよう。

子どものくず拾いは二重の網に捕らえられている。第一の網は収集の段階に張られていて、子どもたちにはまったく自由がない。子どもたちは一個のテリトリー（一本または数本の通り）で働き、それを他のくず拾いたちとの競合から守りぬかなければならない。そのために通常、子どもたちは数人の仲間とグループを作っている。さらに子どもたちには歩くコースが決められていて、かつぐときの重さを考慮に入れながらゴミのよく集まる地点で収穫量を確保する。車の往来、動物、ビルのガードマンなど、さまざまな危険からわが身を守らなければならない。子どもたちを頭から非行少年としか見ていない警官は特に危険だ。また、子どもは大きくなるにつれて、弟や妹の「職業訓練」をも引き受けなければならないようになる。

第二の網は、拾い集めた成果の販売段階に関わる。子どもたちは買い上げ業者と直接向かい合っている。業者とは子どもたちからゴミを買い上げる大人たちのことで、紙、布、金属、プラスチックとそれぞれが専門化されている。子どもたちは集めたものを選別しなければならないし、また、ゴミ市場《しじょう》の変化に応じて仕事を組み直したりもしなければならない。子どもたちはほとんどが読み書きができないので、値段の交渉も計量のチェックもできず、総じて買い上げ業者のいいなりになっている。

第三世界でも大都市となると、道路清掃がある程度ゆきわたっているので、ゴミはトラックで集められ、巨大なごみ捨て場へと運ばれる。メキシコ、カイロ、マニラなどの首都のごみ捨て場は（ある団体なり、ある機関なりがこのごみ捨て場を自分たちの人道援助活動の場と見なしたときには）、決まって欧米のメディアのトップニュースを飾る。これらの子どもたちの組織は独立した子どもくず拾いの組織とはずいぶん違う。この子どもたちはごみ捨て場に家族とともに暮らし、その活動は家族労働の枠に入るからだ。

6、農業の季節労働者

季節労働は田舎の生活ではごく一般的で伝統にもとづいた労働である。それは文化や季節の特性にさえ結びついている。ある種の作物の収穫は限られた期間内におこなわれることが要求されるので、地域社会は子どもたちも含めて動ける者すべてを動員することになる。地域によっては夏休みや冬休みが公式に農業の求めに応じて定められている。しかし、もっとも多いのは小学校の校長と村側で暗黙の了解がなされていて、収穫作業と学業をできる限り両立させている。しかし、農民たちが土地所有権を失い、農業労働者と化すようになっているので、近年ますます子どもたちの生活に季節労働が強く影響している。

都会に働きに出た子どもたちが田舎の家族のもとに戻り、季節労働につくことさえ確認されている。両親と雇用者のあいだで、農業の季節労働のために学校を休ませる条項を含んだ協約が交わされていることすら多々ある。

ブーディバはこの分類法のなかでは触れていないが、ここで輸出農産物専用の大農場《プランテーション》や大企業における児童労働について述べておかなくてはならない。子どもたちは通常、家族と一緒に仕事の場に住み込んでいる。農場主や工場主に直接、フルタイムで雇われる子どもはごくまれで、たいていは両親の必要に応じて収穫量が給料を受け取るための最低限の線まで届くように手助けする。あるいは農繁期には果物の摘み取りがそうであるように、日給制で雇われ、出来高払いで賃金を得る。子どもたちの状況は非常に厳しい。家族とともに大農場にとどまる以外に選択の余地はなく、またその小さな体躯と知識のなさから、肥料や農薬の大量使用の影響をまともに受けてしまうからだ。

7、見習い

見習い問題そのものをここで論じるわけにはゆかない。一冊をもってしてもこの問題全体を論じ切れないからだ。それゆえ見習いの名の下の子どもたちの雇用が何を意味するかだけを明らかにしたい。見習いといっても、二つの大きな見習いのシステムには違いがある。一つは公式に管理されているシステムで、専門のセンターでの学業の形態あるいは職業教育として認められた生産活動の形態で、ときには両者が交互におこなわれている。もう一つは庶民の経済活動に必要な一部となっているシステムで、子どもを家族企業とも言える生産拠点に預け、働かせながら主人の仕事を習わせるものである。ここで取り上げるのはこの第二のタイプの見習いである。

この家族は通常、職業か雇用者によって居住地を定める。家族は見習い契約を結び、なんらかの監督を担保する。しかし実際は雇用の確保が困難になっているので、子どもがどこかで「職にありつく」ことが第一の関心事である家族は、見習いがどのようにおこなわれるかについてはますます注意を払わなくなっている。ここからあまたの濫用がはじまる。雇用者は子どもの教育よりも子どもの労役により重きをおく。とりわけ子どもが幼ければ、たんなる家政婦・召使として使う。また子どもがかなりの年齢になるまで雇用者が労働者の職業資格を認定する見習い修了を先延ばしすることもしばしば見られる。

見習いと認められることは、子どもをその他の働く子どもたちとは異なった特殊な地位におく。つまり家族が子どもの教育に関する諸権利をすべて雇用者に移したことによって生まれる地位である。このことは同時に子どもから労働者としての権利の尊重を要求する能力を奪うことでもある。

出来高払いの職人仕事は、児童労働の肯定的な側面と否定的な側面の両面を合わせもつ戦略地点の一つをなしていると、わたしは声を大にして指摘してきた。しかし見習い制度については、良きにつけ悪しきにつけ家族と企業の混合物《アマルガム》を法制の形（あらゆる国の見習いに関する数多くの法律を見よ）にした否定的な面がある。

8、「スウェットショップ・システム」

低賃金、長時間労働を強いる工場をスウェットショップ、つまり「汗かきブティック」と呼んで産業革命期には労働者の搾取の象徴だったのだが、今や開発途上国の児童労働における搾取の象徴となった。ただ子どもたちの数としてはそのパーセンテージは小さく、おそらく働く子どもたち全体の一〇％に満たないだろう。それでもやはり、多少は進歩した数十万か所の作業場や工場で子どもたちが、大人たちと大差ない仕事についていることに変わりはない。大人と違うところは、格段のとは言わないが明らかな低賃金と、法の網をくぐり抜けているか違法な就労のために、また大人の雇用者に比べて子どもの力が弱いために言いなりになって働かされていることだ。そして目先の利益を優先するあまり、（外部からの介入がない限り）子どもの健康を取り返しのつかないほどに損ねてしまい、労働力そのものを破壊している。事実、労働時間が極端に長く、作業速度があまりに速いだけでなく、衛生管理のための最低限の配慮もなされていない。通風は悪く、換気装置もなく、採光は不十分で、ろくに医療設備もない。栄養不良と寝不足は言うまでもない。

これらの作業場や工場は、大企業ときには多国籍企業の下請けとなって、ますます輸出向け製品の製造に集中している。極端に短い納期と競争力を維持するための度重なるコスト削減の契約条件を大企業から一方的に押しつけられている。

9、（住み込みの）家政婦

個人の家に住み込み、家政婦・召使として働くというのは、農業を除けばおそらく世界でもっとも普及している児童労働の形態であろう。統計こそなくとも、いくつかの調査によって明らかだ。都市部では働く子どもたちの五〇％近くを占めるところもあるが、その大半は家族単位か個人で田舎から上京した子どもたちである。大部分は少女、すなわち住み込みの家政婦である。

これらの子どもの生活条件は、最小限の休息も十分な食べ物も与えられず、ただただ服従することのみを教えられる以外に教育らしきものはなく、ほとんど奴隷に近い。殴打その他の体罰などの虐待が日常茶飯事となっていることが確認されている。雇用者の家族による性的攻撃もしばしば起きている。

子どもの家政婦・召使はその保護が特に困難である。雇用者の私的な住まいの中に完全に隔絶されているからだ。ときには土地の言葉も話せず、どの都市の、どんな街区にいるかもわからず、子どもたちは逃亡を想い描くこともできない。

この種の雇用を容易にしている理由がいくつかある。まず第三者の家での家事労働は自分の家でする母親の手伝いと違わない、子どもの移動が容易である、見習い期間を必要としない、そして関係する大人たちはとぼけて、もともと家でやっていた仕事でたいしたことじゃないと逃げ口上がうてる、などである。さらには都市人口の増大に加えて生活水準の一定の向上と女性の就労の増加が、賃金のアップを求めない安価な家政婦・召使の需要を大きくしている。また、多くの国々とりわけサハラ以南のアフリカ諸国では、貧しい家庭は子どもをより裕福な家庭に預けて、家でやらせるのと同じ仕事をやらせている。こうして多少なりとも親戚関係にある家族や都会で暮らす友人を信用して子どもの世話を頼み、田舎から子どもを送るのは当然のことのように思われている。

10、債務奴隷

厳密な意味での奴隷の形態は本書の最後のほうで特別な一章を設けて論ずることとする。というのは、すっかり革新されたはずの過去に属するとしか思えない、しかも人から人間としての基本をなす社会的地位を奪うある種の漂流を今日の世界が免れえなくなっていることを示す児童労働の主要な焦点に、この奴隷形態こそが、光を当てるものだとわたしには思えるからである。

問題は子どもの労働によって返済されることを想定した、家族と雇用者とのあいだで交わされる借金契約である。子どもに求められる労働の種類は特別なものではないので、雇用者はさせたい仕事を子どもにさせ、まるで家畜か機械の所有者のようにふるまう。そのうえ労働の報酬は契約のなかには明確にされていないので、雇用者は就労期間を際限なく延長できる。そこには必ず巧みなごまかしがつきまとう。医療費は過剰に請求され、損害は賠償請求され、過失には罰金が課されて、驚くほどの利子とともに、元の債務に加算される。

　このシステムは特に農村部でよく知られているが、ここ二十年ぐらいはある種のタイプの企業にも広まってきた。インド、パキスタン、ネパール、ブラジルでの特徴的な点についてはかなり研究されているが、研究がすすむにつれてその他の多くの国々にも実在することがわかってきた。

11、児童売春

　子どもの性的搾取はわたしたちの社会から巧みに隠された一局面であると同時に、露骨に晒されている局面でもある。しかもそれは昨日や今日はじまったものではない。しかし今世紀を特徴付けると言える子どもの人権に対する意識の覚醒は、八〇年代に急速に肥大化したセックス観光をにらみながら、世界的広がりにおいても、また子どもの人権を擁護する諸組織や活動家たちの毅然とした態度においても桁違いな大攻勢を引き出した。一九九六年、ストックホルムで開かれた「子どもの商業的性的搾取に反対する世界会議」は子どもの性的搾取に対する世界の世論を大きく喚起した。

　働く子どもたちのなかでも、家庭内で働く少女たちは一般的に周囲の大人による性的攻撃にしばしば晒される。子どもに課された仕事が客の快楽や幻想にその身を差し出すことであれば、新たな防護柵も乗り越えられてしまう。人としての身体的・精神的完全性は侵害され、子どもの成長は精神的な傷《トラウマ》によって癒しがたいほどに阻害される。性行為感染症は言うに及ばず、第三世界の子どもたちのあいだに蔓延するエイズの惨禍は想像を絶するものがある。

子どもの性的搾取の形態はさまざまである。路上でおこなわれる売春があり、公園や浜辺でおこなわれる売春がある。単独で客に声をかける子どももいれば、バーかホテルに誘って客に身をまかす少年少女もいる。ブラジルのいくつかの地方では、都市で徴募された少女たちが出稼ぎの労働者に提供され、バンコクの悲しいまでに有名な売春街では、人身売買で送りこまれた子どもたちが売春宿に閉じこめられ、客のあらゆる注文に応じさせられている。ビデオテープを中心としたポルノ産業の発展もまた、子どもの性的搾取を飛躍的に増大させている。それでもわたしは、セックス観光とポルノ産業はこの子どもの搾取の根本原因ではなく、世界の各地域にしっかりと根を下ろしているこの搾取の増大要因であるとの指摘を今一度想起してみることが重要であると思う。ここで地域というのは第三世界の住民たちに限ってのことではない。子どもの性的搾取は先進諸国にあってもまた実にさまざまな形態で存在している。

通信手段が非常に簡便化されたことも子どもの性的搾取を増大させた。子どもを送り込むためのネットワークがいくつも存在する。ネパールからインドへ、バングラデシュからパキスタンへ、ビルマや中国からタイやマレーシアへとつながるネットワークのように一般の人々にまで知られたものもある。同様のネットワークは世界のあらゆる地域で確認されている。

こうして働く子どもたちの世界をざっと眺めたとき、真っ先に得られる結論は、子どもの就労が世界的規模で研究し、闘わねばならない現象であるまでに地球全体をおおい、経済のほとんどの部門に蔓延している、であれば、やはり子どもの搾取に関与している社会的行為者たちを動かしているさまざまな動機（あえて戦略と言おう）は多種多様で、それだけこの現象のさまざまな読み取りを提示しているということである。よって世論が形成されるためには、ぜひとも多様性を考慮に入れておかなければならないのである。

【訳注】

1　一定の集団や社会を、その成員が遂行すべき活動内容にその位置または地位に応じた行動様式（分化された「役割」）を求められる「役割システム」と見たとき、その成員を（社会的）行為者という。

第四章　子どもたち、親たち、雇用者の戦略

一人の子どもの就労は経済的、社会的、文化的力や個人あるいは集団の力など、多種多様な力の結果である。これらすべての力が、子どもの生活環境のなかで行動する人々を通して（社会的行為者たちが意識しているかどうかは別であるが）、さまざまに子どもに影響を及ぼしている。そこで行為者を独自に、子どもたち、親たち、雇用者の三つのカテゴリーに分類して観察する。表題に掲げた「戦略」という用語は、状況の評価、目的の明確な設定、そして目的達成のための手段の配置を想定するものなので、とりわけ働く子どもたちの様態に適用されるときには、この用語はあまりふさわしくないように見える。それでもわたしがこの用語の使用に固執するのには二つの大きな理由がある。一つは、働く子どもたちの世界に初めて出会ったときから、わたしは相手の「顔」に合わせて判断のやり方を変えることがないように留意することが肝要であると思ってきた。例えば路上で出会った小さなくず拾いを相手にするときと、大臣官房の控室で世界銀行の専門家と対座するときとで、語彙の選択や、耳を傾けるときの注意深さに違いがあってはならない。第二に、戦略という用語は闘いの文脈を想起

させるからだ。今日、働く子どもたちの日常生活が、そしてまたわたしたちの日常生活が、その形態がグローバル化(世界化)と呼ばれるあの巨大権益間の情け容赦のない闘争という背景のうえに描かれる闘いであることは論をまたない。わたしが諸個人の戦略というのは、行為者個々の本心から出る姿勢こそ問題であるという事実に注意を引きたいがためである。たとえそれが共通の環境を前にした同様の反応こそが明らかに重要であるとしても、である。つまり現在の秩序に闘いを挑むのかどうかは、個人一人ひとりの心の奥で下される決定にかかっているのである。

子どもたちの戦略

国連子どもの権利条約によって新たにもたらされた果実の一つは、子どもに、子どもに関係する問題に関して自己の見解を表明する権利が認められたことである。この原則は次の二つの条文に明記されている。

第十二条　1. 締約国は、自己の意見を形成する能力のある児童がその児童に影響を及ぼすすべての事項について自由に自己の意見を表明する権利を確保する。この場合において、児童の意見は、その児童の年齢及び成熟度に従って相応に考慮されるものとする。

第十三条　1. 児童は、表現の自由についての権利を有する。この権利には、口頭、手書き若しくは印刷、芸術の形態又は自ら選択する他の方法により、国境とのかかわりなく、あらゆる種類の情報及び考えを求め、受け及び伝える自由を含む。

【日本政府訳】

国連子どもの権利条約はこれまでにほとんど世界中の国で批准されたので、子どもたち、とりわけ働く子どもたちは自分たちの仕事に関して自己の見解を表明できるようになったはずだ。ところが、現実はこれとはほど遠い。子どもたち自身から発した判断材料を与えてくれる調査や研究は皆無に近い。そうであるからこそ、たとえ子どもたちから提起されたものが向こう見ずと思えても、その見解に含まれるいくつかのサインを拾い集め、われわれ大人のスピーカーを通してできるだけ大きくしてやろうではないか。

児童労働を見つめつづけたこの二十年間で、わたしは五十か国ほどの国で数百人の働く子どもたちにインタビューした。子どもたちとの出会いでわたしの記憶から真っ先に立ちのぼってくる印象は、子どもたちはわたしが何故そのような質問をするのか、雇用者との闘いに自分たちの話したことが使われるんじゃないか、と気遣《きづか》っていることである。つまり子どもたちの心配の背後には、仕事を失いたくないという根深い願望がある。子どもたちはときに自分が働く作業場を去って、労働条件の異なる別の仕事につきたいと願うことはあっても、それは働くのをやめたいのではない。

子どもたちが通常、雇用者が子どもの就労を隠そうとするのに積極的に協力する理由の一端がここにある。子どもたちが雇用者が定めた年齢を口にし（つまりは法律によって認められている年齢に近いか、それ以上の年齢を口にし）、あるいはフルタイムでは働いていないとか、作業場へはたんに親か友だちについてきただけだとか言い張るのは、恐れからだけではない。それに通常、子どもたちが作業場を抜け出し、労働監察官が立ち寄っている数時間だけ身を隠すぐらいわけないのである。一般に子どもたちは自分たちには働く権利がないこと、より正確にはここ以外のよそに、つまり小学校の教室にいなければならないことをよく知っている。職場に突然やってきて自分たちの仕事が危険かどうか調べようなどという児童労働の長々とした調査など、子どもたちはしてほしくはないのだ。

あまりに幼い子どもの就労は、しかも搾取の条件が苛酷であればよけいに厳禁すべきものと先進諸国のわたしたちはアプリオリに（先験的に）決めつけてしまって、親たちが子どもに多少なりとも力づくで就労を強要していると考えがちである。なんとなく子どもたちは犠牲者で親たちのほうに罪があるように見なされ、紛争の用語を使ってこれらの関係が分析される。ところが、たとえそれが数百万の子どもたちにとって真実であっても、全般的にそのとおりなどという結論を引き出す権利は誰にもない。同様に、別の数百万の子どもたちにとっては、自分たちが働きに出ているのは親たちの意思に逆らってであることも言っておかなければならない。一般に子どもたちが仕事に就くのは、ある計画にあるいは親たちが示したある必要性に同意の態度を表明してのことである。

非行少年（少女）と見なされた子どもたちを引き取って面倒をみることを目的とした教育施設のここ五十年間ほどの失敗によって、児童問題の活動家や教育学者、社会運動家たちは、子どもたちが社会における普通の位置をとり戻す手助けとなるさまざまな代替《オルタナティブ》策を求めざるをえなくなっている。そのため概して彼らは子どもたちの同伴者の立場に自らをおき、出会った子どもたちのもつダイナミズム（活力）の利点を認めて心理的、社会的再構築の基礎とするように努めてきた。子どもたちが労働に非常な重要性を認めていること、大人の言葉で言えば子どもたちが就労の権利を強く要求していることに目を見開かされたのも彼らであった。しかし、残念ながら、（現地での数々の経験を普遍化し、理論化することが期待される）この子どもの同伴者たちと、（長期計画に埋没しているか、あまりに法律的なアプローチに固執している）ＩＬＯ国際労働事務局の責任者たちとのコミュニケーションはなかなかうまくゆかず、働く子どもたちの心、とりわけ貧困家庭の子どもたちの心の奥深くに根差したこの働きたいという欲求の分析は進んでいない。現在ＩＬＯ国際労働事務局が準備中の、児童労働のなかでももっとも容認しがたい形態の児童労働にアクセントをおいた新たな国際会議【「児童労働」を議題として取り上げた一九九八、九九年のＩＬＯ第八十六、八十七回総会。一二五ページ「訳注」参照】は、そもそも児童労働の「容認しうる形態」とは何なのか、といった対話を実現する機会を提供しよう。そのような機会が得られるかどうかは、じきにわかる。

つまり、どんなに困難であっても、就労権を強く要求している子どもたちが何を言おうとしているのか、この点を理解しようと努めなければならない。

その体つきや心理、社会性がそうであるように、多様なその容貌のもとに子どもを見つめれば、そこには発育盛りという子どもの特色が見えてくる。大人とは違って子どもは変わらずにいることができないのだとも言えよう。本質的には生きる力の突出であるこの子どものダイナミズム（活力）は、働いていない子どもも含めたすべての子どもに宿っている。子どもが就労の権利を求めるその感性の基をなし、労働条件に対して子どもが見せる独特の反応の大部分を占めているのが、このダイナミズムである。実際、貧困家庭の子ども、わけても極貧層の家庭の子どもは、特にぎしぎしと締めつける万力に挟まれて、あるいは四方の壁が迫ってくる監獄で暮らしているような印象をもっている。もっとも基本的な要求が常に抑えこまれているのだ。食べ物、飲み物、住まいの広さ、夏の通風、冬の暖房、衣服、ときには履物まですべてが不足しているだけでなく、明日はもっと悪くなる恐れがある。子どもは一人の人間としてこのような経験をすることで、しかもそれが家族全体の、自分が生まれる前からの、言ってみれば子どもの目にはずっとつづいた状況であるだけに、よけいに自分をがんじがらめに縛る教訓を引き出してしまう。社会生活の面でも、この状況は変わらない。歩道では端っこに押しやられ、村の給水ポンプの順番をまっていても後回しにされ、警官を見かければ路地に入って道順を変える、スラムで身を寄せあって暮らしていて隣人たちからは絶え間なく家族の私生活が乱される、要するに専門家たちの用語を借りれば、周縁化《マージナルに》され、排除されているのだ。さらには（もっとも貧窮が著しい人々にとっては二の次としてしばしば注目することを忘れてしまっている）暮らしの文化的側面については何と言ったらいいのだろう。ここでも同じ経験を強いられている。からだも衣服も、その環境も清潔さは望むべくもない。子どもをとりまく環境が汚す一方であるからだ。絵の具や画用紙がなくては、絵を描いて気持ちを表わし、多彩な色を楽しむことはできない。楽器はまだ木片やパイプ、缶詰のカンで代用が効くが、快い響きは無理でそれなりの音しか出ない。モーターの使用や、テレビ画面やコンピュータのキーボードが打ち出すほとんど神話のような世界が特別恵まれた人々だけに開くあの架空の宇宙については触れないでおこう。しかし、生きるとは、あの万力から逃れられなくても、せめてこれ以上は締めつけられることがないように、なんとかすることである。なんとかするとは数千万の子どもたちにとっては仕事を意味しており、就労権とは昨日あった手段と少なくとも同じだけ有効な、なんとかする手段を日々手にする権利である。

生命のダイナミズムが、子どもを、今あるこの瞬間と向かい合わせているだけでなく、常に明日へと衝き動かしている。働く子どもはその心の奥深くに、明日は今日よりもすばらしいという想いを抱いている。もう何人か多く客が来てくれればという希望が、毎朝小さな靴みがきを街角に押し出し、小さな行商人を歩道に立たせる。これと同じ希望が大勢の働く子どもたちを駆り立て、他の仕事を探したり、収入を増やそうと雇用者の目を引いたり、(夢はもちろん、安定した雇用を得ることであるが)一言で言えばたんなる働く子どもの地位から「仕事をもっている子ども」の地位へと上昇しようとさせている。一九九六年、バングラデシュの紡績工場で働く少女たちの雇用に反対して、ＩＬＯ国際労働事務局とユニセフ(国連児童基金)が共同で攻勢をかけている最中に、ダッカで出会った幼い女の子は、ごみの堆積場でビニール袋を集めながら、うれしそうな笑みをうかべてこう言った、「この仕事は今日でおしまいなの。明日、既製服の工場で雇ってもらえるから」。

明日には自分のものになるかも知れないあの働く者の社会的地位《ステイタス》を、子どもは自分のまわりの大人たちの今ある姿のなかに見ている。だからこそ、前へ進むことは明日ではなく今日から大人たちの世界に入り、大人たちのまねをすることを意味する。本当に、ごく幼いうちから家族の枠内で子どもたちが働いている！　労働市場においてもそうだ！　少しだけどもう大人みたいだという誇りが、疲労にも、困難や辛い目にも耐え抜かせている。この誇りがあるからこそ、あのブラジル北東部の幼い男の子はサトウキビを刈る大人たちの傍らで汗をかき、「ラム酒を一杯やらないか」と誘われ、カイロの小さな金細工師は自分の手で磨いた宝石が客に買われてゆくのを眺め、スリランカの子どもたちはれんが工場がより高く評価されるのを見つめる。

この誇りが、何故あんなにも多くの子どもたちが反抗もせず、いやむしろある満足感をもって、大人の活動家の目には最悪の搾取のシステムとしか思えない見習いとして働くかを解き明かしてくれる。見習いは職業資格を与えてくれる、つまり仕事を取得し、社会の関係システムに入らせてくれる世界の構築における的確な場所にはめ込まれた一個の人物にしてくれるのだ。そのために子どもたちは何年間も苛酷な労働条件を受け入れて、沈黙をまもって働きつづける覚悟ができている。わたしはインドのバンガロールの安食堂でテーブルをふいている男の子と話をしたが、その子は半日ここで働いて、わずかな食事をもらい、店の隅で寝させてもらっていた。あとの半日は歩道で店を張っている老いた仕立屋の手伝いを無報酬でしていた。「これをやりだして、もう四年になるよ。ぼく、仕立屋の仕事を覚えた。ワイシャツなら仕立てられるよ。午後また来てごらん、見せてあげるから」。行ってみた。男の子はわたしを老仕立屋に紹介してくれた。それから誇らしげに白いワイシャツをはおってみせた。「ぼく、村へ帰ったら、なにができるか見せてやるんだ」。すかさず、老仕立屋が口をはさんだ、「このままあと二、三年働いたら、この子は材料を買う金もたまって、村で仕立屋を始められますさあ」。

実際、子どもは自分の仕事について語るとき、自分の生活全体を説明する。そして子どもが子どもの就労権を認めるように求めるとき、普通の生活を送るための子どもの基本的権利の確実な認知を求めている。わたしたち大人は、児童労働問題を考えるとき、子どもの生活の労働に関わる面と労働に関わらない面とを区別する傾向が強すぎる。働く子どもは子どもの生活（家族との関係、仲間とのやりとり、遊び、健康や学業の問題）を多少でももっている子どもではない。ましてや職場での活動なぞ、そもそもない。働く子どもは、その活動、その考え、一日の一分々々が仕事に刻印されている子どもである。働く子どもたちはこのようなことを言いたがらないが、それはインタビューや証言に常に現れている、いわば子どもたちの言葉から染み出ているのだ。

アマリという少女とは、わたしはスリランカの小さな港町で出会った。仲間の少女の一人が懸命に説得してくれて、ようやくアマリは仕事について話してくれた。工場に戻るのをわたしにとめられるのではないかと心配だったのだ。どの工場で働いているか突きとめたりしないとわたしは約束した。

「わたし、工場で働いている。小エビの頭をとって、皮をむいて、オイルの混ざった水で洗うの。水が冷たくて、手が痛い。爪が割れることもある。工場から六キロのところに住んでいるから、仕事にはバスで行くの。でも夜はね、バスがもうないでしょ、歩いて帰る……。夜も働くときは、疲れているし、工場の隅っこで眠ったほうがいいわ」。爪が割れれば、痛むだけでなく仕事に差し支える。収入が減る。それが数日つづく。六キロメートル、地理が職場との関係を形作る。交通問題が毎日々々、果てしなくつづく。小エビの山が届けば、最終のバスには乗れないな、歩いて帰らなきゃならないなと考える。徒歩で六キロ、約一時間半だ。一日の仕事に疲れ、しかも夜に。夜遅くまで働くか、それともママのそばで身を休め、少しだけ仲間と話したり笑ったりして、明日のために早めに休むか。どちらにするか。選択は仕事を考えて成される。工場の片隅で眠るのだ。

就労の権利、と子どもたちは言う。では、働く子どもたちは職にとどまりたいという願望に心奪われ、いわば分析力も判断力も失っているのだろうか。とんでもない。まったく逆である。働く子どもたちはみな、夢をもっている。学校をうまく活用したいと願っている。仲間の男の子や女の子と遊んだり、お話をしたりする時間もほしい。わたしたちは面食らうばかりだが、子どもたちが見せる反応には、働きつづけたいという要求と普通の労働条件を得たいという要求が分かちがたく結びついている。一言で言えば、働く子どもたちにとって理想の世界とは、仕事のない世界、安逸と永遠のバカンスの一種の地上の楽園ではなく、仕事をすることで一人ひとりが幸せに心地よく暮らせる世界なのである。ただ、働く子どもたちの生活を改善するための子どもたちの要求をここでいちいち取り上げることはやめておこう。働く子どもたちといえども一般の労働条件で働いて暮らしているにすぎず、その要求は大人の労働者たちの要求と大差なく、要求書は労働組合の書庫にぎっしり詰まっているからだ。

働く子どもたちの要求の一例がクンダプール宣言である。わたしは先に代替教育《オルタナティブ》の形で働く子どもたちに同伴した経験について言及した。あの同伴者たちは子どもたちを観察し、子どもたちの声に耳を傾けるだけでは満足しなかった。わたしたちが出会う子どもたちは一般に企業で働いているのではなく、路上、駐車場、市場《いちば》のある広場、駅やバス停など誰でも出入りできる場所でおこなえる無数の小さな仕事についているが、そんな子どもたちの仕事を考慮に入れたさまざまな支援策がとられた。働く子どもたちの組織がいくつも生まれ、やがては人にも知られた全国的な組織にまで至った。わたしが知るかぎりでは、七〇年代にこの分野で先駆的な役割を務めたのは、ペルーのマントック運動【訳注1】である。こうして、ついに各大陸から集まった働く子どもたちと若い労働者たちの国際的な会合が、一九九六年十一月二十四日から十二月八日までインド南部の町クンダプールで開かれた【訳

注2】。そこで実を結んだものが、十条から成るクンダプール宣言である。

一、ぼくたちわたしたちは、みな、ぼくたちわたしたちの問題、ぼくたちわたしたちのイニシアティブと提案、ぼくたちわたしたちの組織過程を認めるよう望みます。
二、ぼくたちわたしたちは、子どもたちによって生産された製品のボイコットに反対します。
三、ぼくたちわたしたちは、ぼくたちわたしたちの労働に対して敬意が払われ、その安全が確保されることを望みます。
四、ぼくたちわたしたちは、ぼくたちわたしたちの状況に適った方法による教育を望みます。
五、ぼくたちわたしたちは、ぼくたちわたしたちの状況に適った職業教育を望みます。
六、ぼくたちわたしたちは、良い条件の健康管理を望みます。
七、ぼくたちわたしたちは、ぼくたちわたしたちに関係する、地方の、国家の、国家間のあらゆる決定に意見を求められることを望みます。
八、ぼくたちわたしたちは、ぼくたちわたしたちの状況の本源をなしているいくつかの理由とその第一のものである貧困に反対して闘いがくり広げられることを望みます。
九、ぼくたちわたしたちは、子どもたちが強いて都市へ送り出されることがないように、もっと多くのさまざまな活動が地方でなされることを望みます。
十、ぼくたちわたしたちは、ぼくたちわたしたちの労働を搾取することに反対しますが、ぼくたちわたしたちの教育と余暇の楽しみに適う時程をもった品位ある労働に賛成します。

クンダプール会合の責任者たちはこの宣言の形成過程とその内容、及びその後の検討方法を解説した公刊物を用意している。よって、ここでは詳しくは立ち入らないが、働く子どもたちとともに歩いてきた長旅のなかで、わたしが子どもたちの口から直接聞いた言葉のすばらしい要約がこの宣言のなかに見られるので、より深く理解するための基礎となると思われる二つの点、すなわち教育と健康を取り上げてみたい。

働く子どもたちといえどもその大部分の子どもたちは、学業と仕事を同時にこなしていたか、一定期間だけ小学校へ通ったがその後仕事のために学校をあきらめたかして、いずれにせよ小学校を体験している。働く子どもたちの学業に対する反応はじつに複雑である。この子どもたちを理解するためにはわたしたちの頭から、わたしたちがヨーロッパで見知っている小学校との無意識のうちの比較を排除しなければならない。フランスでは、優先教育対象地区のある小学校教師たちは、生徒が一クラス三十人をこえたら良い授業はできないと考えている。では、黒板のほかには椅子も机もなく、教材すらない狭い教室で、たった一人で百人をこえる子どもを教えざるをえない第三世界の村やスラム街の小学校教師たちについては何と言えばいいのだろう。家から小学校へ通うことそれ自体がすでに大変な冒険なのだ。遠いし、路上は危険もともない、すきっ腹で歩き疲れてしまう。いったい、何のためにこれほどの犠牲をはらわなければならないのか。このような努力を継続するための心理的な支えは、いつも子どもたちに用意されているわけではない。家族は子どもに向かって安易に、小学校なんてなんの役にも立たないと言い、学校から帰れば、まるで昼間は何もしなかったかのように、仕事をちゃんとやれと言われる。仮に何か新しいことを学んだ喜びを伝えてもほとんど何の反響も返ってこない。他の生徒の様子や、粗末な服装で教室の後ろのほうに押しやられ、先生の説明もよくわからないもっと貧しい子どもたちに対する先生の態度については話題にもならない。これらの小学校が子どもたちに提供している文化的糧とは、学習システムの残菜にすぎず、より裕福な家庭の子どもたちが特に恵まれた小学校で飽食した後の国民教育省予算の残りである。それでも貧しい家庭の子どもたちが残菜に手をのばすのは、それが楽しみであるからではなく、それが必要であるからだ。

小学校からのなんらかの排斥を味わいながらも、より正確に言えば子どもが唯一体験した明確で具体的な、ぼくのわたしの、小学校からの排斥を味わいながらも、働く子どもはその胸に生き生きとした夢を抱く。書く能力を身につけるという夢である。この書く（エクリ）は特別の意味を孕んだ大文字の〈Ecrit〉である。それはときに神話としての地位をもつ。労働は「書く」世界から子どもを引き離す牢獄である。働く子どもは小学校で習ったほんのわずかなことすら役立たせる機会に恵まれない。労働と栄養不良で疲弊したその精神は総じて服従すること、より正確には両腕と両手、両膝と両足を、実現すべき労働のために予定された場所に置くことのみに集中せざるをえない。働く子どもは周囲を行き交う書類や書き付けが自分に関係があるとは感じない。そのうえ、働く子どもがひきづる非識字者の壁は、周囲の人々の、なによりも両親もまた読み書きができない家庭の壁でもあるという事実によって、ますます厚くなる。働く子どもは両親や周囲の人々が書くことに訴えないと自覚するにつれて、現実の別の側面に目を開くようになる。つまり書くことは自分たちの労働を搾取している人々にのみ使われている、と。働く子どもは、書くことは普通の生活を送るのに有用でときに不可欠でもあるコミュニケーションの手段であるだけでなく、書くことの習熟は力の表徴《シーニュ》であることも発見するのである。書くとは、食べさせてくれる紙幣であり、雇用を得させてくれる免状であり、警官たちから自分を守ってくれるＩＤカード（身分証明書）でもある。このような特別の意味を含んだ書くことの習熟は、力ある者たちの世界の特権ほどではなくとも、少なくともそんな世界に向けた助走路のようである。このような奥行きの中に見ていくと、働く子どもたちの学びたいという強固な欲求は、たとえ働く子どもたちがはっきりとそのような言葉を発していなくとも、基本的に一つの政治的な次元の要求なのである。

働く子どもたちと出会ってもっとも驚かされることは、（その重大さについては多言をまたないが）子どもたちの健康状態である。よく知られているように、極度の貧困生活をおくる子どもたちの健康状態は非常に悪く、その多くが終始さまざまな病気に侵され、平均余命を縮めている。子どもの就労はすべて、たとえ疲れるだけであっても、子どもの健康にとって有害な要因である。軽い労働、あるいは教育的な労働であっても、休憩もなくあまりに長くつづくか、寝不足や栄養不良というだけでも危険な労働となりうる。雇用者が子どもが作業場で快適な時を過ごせるように心がけることは滅多にない。むしろ出来高を要求し、想像をこえる作業時程を強要している。「暗いうちに家を出て、暗くなってから帰る」。子どもはもはや大きくならず、太りもせず、全般的な抵抗力も低下する。仕事中の窮屈な（このような文章でなんと無作法な言葉か！）姿勢が取り返しのつかない骨や筋肉の変形を招くこともある。騒音、採光、熱気、空気の汚れに加え、化学物質の使用はその体格からして大人以上にもろい子どもにはより大きな脅威となる。これらはすべて産業界の労働条件に跳ね返る問題でもある。そして、すでに指摘したが、農業労働もまた危険と疲労の同義語であることを想い起こそう。

子どもたちの健康問題を考えるとき、身体的な成長と全体的な成長という健康の概念を構成する二つの要素に注目しなければならない。子どもは成長途上の存在であることを決して忘れてはならない。たしかに、このことは一方では子どもは未完成で、それゆえ子どもには大人と同じ基準を適用できないことを意味する。しかし他方では、(このこともまた重要なのだが)子どもはわたしたち大人には判断のつかない、またわたしたちのもっていないさまざまな可能性を秘めている。保健衛生に欠ける者たちをたんに世話するだけの、要するに損害の賠償をすることから成る、貧しい人々の世界を見下ろす政策である「静的な」保健政策は、この観点からすれば効果は期待できないし受け入れられない。全体的な成長がどうしても必要である。国連子どもの権利条約第32条【訳注3】に明記されているとおり、身体的な成長だけでなく精神的、道徳的、社会的成長が必要である。働く子どもたちのグループに遊びを組織し、子どもたちが自分たちの必要と自分たちの欲求と比べて仕事による強制と感じるものを表現できるようにするべきである、そして健康と労働とを結びつけている事実が次々と浮かび上がるのをその目で見てほしい。あのスリランカの少女アマリの率直な想いはこの上なく簡潔、具体的にこの関係を表現している。「冷たくて手が痛いの。爪が割れることもあるわ」。

子どもの場合ほとんど常に労働と健康とのあいだに存在するこの矛盾を、子どもたちは恐怖という形で味わう。働く子どもたちが大人の世界に対して抱く恐怖心をいったい誰がわかろうか。刺すようなののしり、怒鳴り声、叱責や体罰、びんたに殴打、監禁、食べ物や飲み物の没収、性的暴力。より一般的には、大人が不意に気分を変えただけで引き起こされる生活条件や労働条件の深刻化への恐れ。ましてやもっとうまくできる他の子どもに置き換えられる、失業する恐怖心など、働く子どもたち一人ひとりの頭上に毛髪一本で吊りさげられているあのダモクレスの剣は言うまでもないだろう。さらには言葉の厳密な意味においても奴隷状態におとしめられ、容認しがたいあらゆる種類の拷問にさらされている子どもたちのことも忘れることはできない。その果てに殺されてしまう子どもたちの数は数百万人にのぼり、たしかに例外とはいえ、これが二十世紀も押しつまった現代に起こっているのである。

ここに働く子どもたちのまなざしに隠された小さな宇宙がある。働く子どもたちが隠しもっている戦略は、その率直さにおいて素晴らしく秩序破壊的な次の言葉に要約されよう。大きくなるんだ、なんとしても大きくなるんだ。

親たちの戦略

ブラジル・レシフェ【北東部の港湾都市】の大聖堂の片隅で、一人の母親が聖母マリア像の足元にひざまづいている。片手に大ろうそくを持ち、片手を男の子の頭に置いて、一心に祈っている。やがて二人は聖堂を出て、トラックに向かう。トラックはすでに子どもたちでいっぱいだ。母親は目に涙をうかべて、トラックに乗りこむ男の子を見つめる。仕事を求めて、数百キロの旅……。バンコクの中央駅、ホームに一人の男が列車から降り立つ。少女の手をしっかりと取って、もう一方の手には紙切れを握りしめている。男は不安な様子だ。どこへ行ったらいいのかわからないようだ。紙片には娘を雇うエージェントの名と住所が書きつけてあるが、男は読めない……。この二つの映像にこそ、わが子の就労に対する親たちの態度が凝縮されている。経験から知りすぎるほど知っている危険を前にした内蔵をよじるような不安と、なんと言ったらいいかわからないほどの深い慈しみ、そしてその下には、巨大建築の土台のように深く深く打ちこまれて誰もそうとは気づかない赤熱した熔岩流のように猛々しい怒りの焔《ほむら》が脈打っている。それはまさにクレール・ブリセの著書『子どもを貪り食う世界』【原注4】のタイトルが示す、わが子（世界の子）を貪り食っているこの世界に対する怒りである。

第三世界の国々の働く子どもたちの親を、就労の危険性を承知のうえで無責任だ、子どもを「売って」母親としても父親としても失格だ、小さき者の搾取で暮らす怠け者だと断じて、親にこそ問題があると考えがちな、わたしたち先進諸国の人々の思考をなんとしても一変させなければならない。それにまた、親たちに子どもの就労を促しているのは家族の貧困であると、まるで貧困の責任が親にあるかのように言ったりするのも止めさせなければならない。地方の地主たちと政治的権力者たちと国際企業の戦略によって、あるいは奪われ、あるいは搾取され、ときには数世代にわたって翻弄され、親たちは家族の生活の向上を、せめて子どもたちの生活の向上をたとえわずかでも支えるためにはどうすればよいかもわからず途方にくれているのだ。「子どもたちが、わたしらより、もう少しましな暮らしができれば……」、貧困のどん底にある親たちの口をついてくり返し出てくる示導動機《ライトモチーフ》である。

第三世界の国々の親たちが働く子どもたちに抱いている気がかりを知るための資料には事欠かない。十四、五歳以下の子どものことで親の頭を離れぬ気がかりは二つ、男の子なら浮浪、女の子なら早すぎる妊娠である。科学的な調査をまつまでもなく、それは親たちの会話の端々にのぼって、明らかに子どもたちの活動に対する態度や意思決定の基礎をなしている。親が娘の早すぎる妊娠を避けようとするのは、世界の進歩や若者が謳歌する自由をまるで理解できない遅れた親だから、性的なタブーにたんに黙々と従っているだけの親だからというわけではない。その態度は、長い経験と今日見るような環境における子どもたちの生活条件についての正確な知識から出ている、まさに現実に即した態度なのである。

また子どもの浮浪、徘徊は、子どもの側からすれば何か口に入れるものをあちこちでくすねるためである。もっとも町中であればこそできることで、田舎ではなかなかそうはいかないが。実際、都市ではごみの中にすぐに食べられるものが多数含まれている。恵んでもらうこともあれば、盗んで手に入れることもある。反対に田舎では（季節にもよるが）果物を除けば、食べ物（穀物、野菜、肉）を食べるにはそれなりの準備がいる。そのうえ、都市であれば人込みのなかで得られる匿名性がなく、農作物も家畜もそれぞれ所有者が知られている。

子どもの浮浪は、親の側からすれば、何の防御策もないまま子どもをあらゆる危険にさらすことである。将来に備え、知識を懸命に詰めこまなければならない若い貴重な一時期をむだに過ごす（「転石苔を生ぜず」）ことである。それはまた、家族全体で担わなければならない重荷を増すのである。

少女たちの妊娠といっても、その第一に挙げられるのは若い恋人たちのボーイフレンドとのあいだで起こる危険性ではない。それは性的攻撃の結果、しかも小学校への行き帰りに、あるいはまさに小学校で強姦の犠牲となる少女たちの妊娠である。当然にも最近は、第三世界の子どもたちのあいだで猛威を奮っているエイズの問題があり、家族全体にとっても、まだごく若い独身の母親にとってもまさに人生の破局である。

貧しい家庭、とりわけ開発途上国の貧しい家庭は、受け入れ施設や相談窓口を十分に活用できない。親たちの多くは読み書きも、ものごとをじっくりと考えることもできず、子どもたちの教育についても古臭い、その場に適さない考えしか持ちあわせていないからだ。そしてなによりも、わずかな休息すら与えてくれない極限的な貧困との毎日の闘いに疲れきっている。このような条件のなかで親たちは将来を見通す余裕もなく、その日その場での判断を迫られ、理想ではなくとも、これまでずっと最小の不幸であったこと、すなわち子どもを仕事に専念させることをしつづけるのだ。

家族的経済の枠内での労働は、たとえそれが家族全員の生活のためであれ、農作業や親たちのおこなう商売の手助けであれ、地域の隣人や友人たちとの間でおこなわれるものであれ、子どもたちの間で頻繁におこなわれている。幸運にも雇用者に多少なりとも継続して子どもを預けることにでもなれば、それこそ思わぬ授かり物である。こうして男の子たちは見習いとしての社会的地位を得、女の子たちは都市部の家庭の使用人としての社会的地位を得る。やれやれ、おそらく子どもたちは地域社会から排斥され、道端に放り出される破局だけは避けられたのだろう。それで、労働による子どもの搾取の危険性は？　このような疑問を呈することができるとは、なんという贅沢か！　当面は、社会から締め出される危険性のもっとも小さいコースに子どもを乗せることこそ、はるかに重要だ。

この、いわば社会―経済的環境から下された結論には、親たちの脳裡にしばしば顔を出す、教育、支え、収入という三つの局面の問題への断片的な解答をもたらしてくれるという利点がある。つまりどんな教育を子どもたちに保障するか。家族の活動に子どもたちのどんな支えを受けるか。どのようにして家族の収入を増やすか。これらの問題は、たとえ副次的に発生しているとしても、なりゆき任せでよいわけではなく、やはり解答が求められている。

教育　世界のどのような国の、どのような社会階級の親であれ、親たるものは誰よりも子どもを野生の植物のようにまったくの自由にしておいていいと思ってはおらず、親の目の届くところで成長する必要があることを知っている。そして、学びたいという欲求はあっても、子どもたちが学校で幸せでないばかりか、読み書きができないためにたいしたことを学べず、また親にもそれを直接確かめる術がないことを親たちが理解するのに長い説明を要しない。そのうえ、学校がどうなっているか、学校が使える予算、教員のタイプもわかり、学校で子どもが興味を見いだすことが難しいこともわかる。さらには世界銀行やIMF（国際通貨基金）によって提起される新たな経済モデルに従って教育予算が少しでも地方に分散され、学校の運営が父母の会（父兄会）に任されれば（民主的な戦略だが）、多くの親たちは都市部のより裕福な家族が学校を自分たちの子どもだけに役立つようにしようとするのを目の当たりにすることになる。例えば、父母の会が子どもたち全員に揃いのTシャツを着せると決定する。またせっかく学校にずっと通わせていた子どもでも留年しなければならなくて、遅れてしまうこともある。ここでうずくような問題が持ち上がる。もし、うちの子が学業の終わるときに卒業証書がもらえないとしたら、どうすればいいのだろう。さらには疑問が。職人の家にあずけるか、なんらかの活動に参加させて手に職をつけてやらなくていいのだろうか、将来の仕事仲間との関係を作ってやったほうがいいのではないだろうか。

支え　都会でも田舎でも、貧しい人々の生活はただただ厳しくなる一方である。つまり父親たちは耕作地を維持したり、最小限の収入を確保するだけの仕事すらつづけるのが困難になる。母親たちとすれば、家族の収入を増やす活動を見つけなければならない。そこで家事や子どもたちの世話を誰かに替わってもらったり、商売をはじめるなどしなければならない。このとき、明らかに子どもはうってつけの支えとなる。

収入　家族全体の収入における子どもの稼ぎの重要性を、無理に無理を重ねた調査や学問的な計量経済学モデルを援用して研究している専門家たちはほとんどみな、働く子どもたちが短期的にもたらす金銭的成果はほんのわずかであるとの結論に達している。しかも長期的にもその成果は否定的であるという。だがここで、もう一度はっきりと言っておこう、大半の働く子どもたちの家族にとって、子どもを仕事に就かせる第一の目的は収入の増加ではない。それに子どもの就労がもたらすものは、金銭的な貢献という形ではなく、より正確には支出の軽減であり、このことは生き延びるための闘いをつづけている家族にとっては数量化されてはいなくても決定的なことだ。例えばフランスで昼の無料の給食さえ利用できずに夕方まで食事をとらないでいる貧困家庭の児童の数を考えてみるがよい。家計にとって重要なのは支出を減らすことだ。子どもが第三者のところで継続して雇われていれば、家計は少しは楽になる。

こうして理由を一つひとつ確かめてみても十分な説明とはならないが、その全体をながめれば、つまり互いの相乗的な効果から、子どもたちを世話するための最良の結論（戦略）は、生み出された富の公平な再配分に地域社会か国が責任を持つと期待できるなら、それは子どもを仕事に就かせることである。

子どもを仕事に就かせる、という言葉はやはり正確でないだろう。むしろ子どもが自ら進んで仕事に就くことを許可すると言ったほうがいいだろう。というのは、先ほど来見てきたものはすべて、自分たちの両親とりわけ母親たちが自分たちのために犠牲になっていることを深く心にとめて、その犠牲をなんとしてでも軽減しようと、あるいは感謝の念を表わそうと努めている子どもたちが現に体験したものであるからだ。そして子どもたちが行使できる唯一の方策は、働いて、両親の労苦と気がかりを軽くするために自らの力を利用することである。

雇用者たちの戦略

統計でもはっきりしているが、仕事に就いている子どもたちの大多数は家族の枠のなかで働いている。だから子どもの雇用者の大多数は家族または親族の一員であれ、労働者が十人以下の小企業のトップであれ、家族的な生活と同じ基礎をもった管理をともなっている。このことは子どもがそこでは搾取されないとか、ましてや子どもがあらゆる危険から自動的に保護されているということを意味しない。反対に、この種の企業の主要にして特殊な要素は、働く子どもが雇用者と直接的な接触をもっていることなのである。子どもは雇用者の生活やふるまいをその目で見、雇用者が意見を述べたり感情を表現するのを聞いたりしている。直接観察したり、話をしたりもしている。子どもが雇用者に雇ってくれるよう持ちかけ、その条件を交渉したりもする。そうでなければ親のほうに直接的な接触がある。

もし雇用者がいなかったら、働く子どもたちは存在しなかったろう、だから雇用者が児童労働の搾取の第一の責任者であることは何度でも言っておかなければならない。それでも児童労働の搾取における雇用者の責任を考えるとき、例えば国際企業アディダスの社長と第三世界の名も知らぬ町で小さな自動車修理屋を営む者とをどちらも社長だからと同列にしては考えられないのは当然である。ライオンと猫が同じ「種《しゅ》」であっても、どちらを家で飼うかは間違わぬことだ。だからこそ、わたしは雇用者を子どもたちと直接的な接触があるかどうかで明確に区別すべきであると提案している。本章ではわたしは子どもたちと直接的な接触がある雇用者だけに、それも仕事を通じた接触に関するものに集中して触れている。

児童労働を観察して真っ先に驚かされることは、家族の生活の場と労働の場の区別がじつに不鮮明であることである。まして子どもを介してその別を言うことはときに困難である。建物は家族の住まいそのものか、それとまったく変わらない、つまり同じ安普請、同じ環境に、同じ材料を使い、町でも田舎でも同一の通風と採光と水廻りで建てられている。働く子どもは、いわば自分の家、貧しさと生活条件の厳しさをくっきりと刻まれた環境で働いている。

大人同士の簡便な接触と、子どもは大人の社会的な関係とは自動的に隔てられてはいないという事実から、社会的な関係も大人とほとんど変わらない。たしかに子どもは誰にも意見を求められず、だいたい無視し得るものと見なされているが、それでも子どもは現にそこに居て、見たり聞いたりして、この職場における社会生活は家庭で見る社会生活とほとんど変わりがないことを理解する。子どもの目からすれば、雇用者は要するに一家の長《おさ》として、いわば父親としてふるまっている。

子どもはまた、自分の雇用者がいつも心に抱いている関心事は、専門家たちが最大のコスト削減と呼ぶもの、つまり働く子どもなら働きはじめたその初日からよく知っている態度、子ども自身「どんなことをしてでも、自分でなんとかしよう」とするあの態度であることに気づく。このときもまた、いやこのときこそ、子どもは自分の家にいるように感じる。貧しき者たちの世界になおいるのだ。材料を無駄にするなど、もっての外である。そこで廃品回収の材料が使われる。わたしの目に浮かぶのは、缶詰の空き缶を使って鍋を作っているインド南部コトゥルの子ども鋳掛屋《いかけや》たち、市場《いちば》に捨てられた野菜を使って調理するバンコクの貧民街の「レストラン」の子どもたち、地方の歓楽街や国際的な娯楽施設から吐き出されたごみの再利用を得意とする第三世界のあらゆる職人の仕事場で働く子どもたちの姿である。フランスからダカールへと古いカー・バッテリーが輸出され、その再利用に子どもたちが朝から晩まで働いている。

だが、この雇用者はまずなによりも、生き延びるために貧困との一進一退の闘いをすすめている人物である。子どもにとってそれはなんら驚きではない。まわりの誰もが日頃そうしているからだ。しかしこれは非常に重要だ。子どもはこのことをとおして、自分の見習い修行はやがて自分自身の生活のための闘い、「ここから抜け出す」ための闘いに役立つことを知るからだ。いささかせっかちな先進諸国の専門家の目には危険でときには容認しがたい厳しい労働条件としか見えないが、当の働く子どもたちの目にまず映るのは、互いの貧しい生活の共有と、連帯とは言わないまでも、ともに改良を求める結束である。

こうして雇用者は当座の指導者的資質、すなわち想像力をもった人物として現れる。原材料や道具の費用、製品の販売価格の引き下げにつながる消費者たちの購買力の低下などの市場の制約はすべて、雇用者に新たな解決策を迫る。もちろんそんな雇用者の能力は豊富な経験と状況の的確な把握によるものだが、ただ子どもがもっとも気を引かれる点でもあり、当然子どもは、仕事に関わる人々、なかでも習慣にとらわれない若者たちがどのような提案をするか聴き耳を立てていることだろう。想像力はそれゆえ、子どもの全能力の最大の搾取を生むことさえある。数年前のことだ、カメルーンのドゥアラの市警察は駐車違反の取締りで、違反キップをいくら切っても一向に改善されない違反車のタイヤをパンクさせることにした。その翌日、駐車場経営者たちは子どもたちを「違反の恐れのある」通りに配置して、現場でパンクの修理をさせた。

想像力の次に雇用者に欠くべからざる資質は、自らの胸の奥深くに秘めた一種の闘志、例えば治安警察と向かいあう闘志である。もちろん治安警察が無視できなくなっている場合でも、ことさら警察的、軍事的衝突ばかり求める必要はない。小さな雇用者にとってはあらゆる種類の関連法令の山こそが頼りであるから、その結果として(目的だと言う人もいるが)自分の会社を権力者たちのお役に立たせればよいのである。これらの法令・規則のおかげで税務関係者のみならず他の多くの役人、警察官たちは、小雇用者たちに言いがかりをつけ、さんざんに悩ませ、精いっぱい懐を肥やす。山のような法令があるからこそ、大企業の経営者たちはあらゆる競争の危険性を未然に避けたり、下請けとしての条件を押しつけて小さな雇用者たちを屈服させることができる。あのような搾取をまえに声高に憤りを語りながら子どもたちの労働から利益を吸い上げている者こそ、この大企業の経営者たちである。この問題については後の章で触れるが、ここで強調しておかなければならないのは、働く子どもたちは自分の雇用者の態度をとおして、企業が直面している困難の一部はこれら企業をとらえているシステムから直接発生していて、このシステムは危険を孕み、それゆえこのシステムからわが身を守り、このシステムを信用してはいけないことを知るということである。つまり働く子どもたちは、雇用者と同じガレー船【奴隷や徒刑囚に櫂を漕がせて航行した軍艦や商船】に乗っていると実感するのである。

児童労働に直接的に関与している主要な行為者たち個々の戦略を眺めわたして、ここから得られる教訓を一言にまとめるとすれば、子どもたち、親たち、雇用者たちすべてが同じガレー船に乗っているということだろう。実際、右に見たさまざまな戦略はけっして矛盾するものではなく、互いに補足しあうものとして現れている。それらは瓦状に重なりあい、からみあい、相互に強めあうことで、ダイナミックで統一の取れた、関係する者から見ても効果的な全体を形成している。これら三つの行為者たちの戦略が、(だれが名付けたか、あまりに不適切でそのうえ否定的であるために使わないようにしなければならないような言い回しで)「インフォーマル」部門【近代的な経済構造や通貨制度によらない経済活動部門】と呼ばれる大衆経済の骨格を成している。そうなのだ、これら働く子どもたち、その親たち、その直接の雇用者たちは風の吹くままに手足をばたつかせている案山子《かかし》ではない！　彼らこそ、世界の進歩を遅らせるブレーキとしてでなく、人間社会を前へと進めるエンジンとして、人類という車輛の不可欠な一部を成している。
これら三つの行為者たちを、全体を構成しているさまざまな力の総和を越えている統一のとれた全体のなかに位置付けることは、同時に、個々の状況を乗り越え、充分に意識しないにしても良きときも悪しきときも人々の奥深いところで脈々と息づいているあの隠れた力を認めることを自分に課すことでもある。こうして、わたしが提案する次なる段階に至る。すなわち児童労働に直接に関与している家族と企業の論理を見いだすことである。

【訳注】

1　子どもの就労を撲滅あるいは禁止しようという「伝統的な」考えに抗して、働く子どもたちの組織化に力点を置いた最初の運動が、ペルーのマントック運動である。働く子どもたちとともに歩み、「子ども労働組合」の結成、働く子どもたちの自己解放を展望する運動のさきがけとなった。

2　三十三か国の働く子どもたち、若者たちが集まったクンダプールの国際会合を組織したのは、『児童の債務奴隷に反対する南アジア連合（SACCS）』を中心とした数々のNGOである。クンダプール宣言は働く子どもたちの国際的な運動の結集軸となった。その一つが一九九八年の「児童労働に反対するグローバル・マーチ（世界行進）」である。

3　国連子どもの権利条約第32条1「締約国は、児童が経済的な搾取から保護され及び危険となり若しくは教育の妨げとなり又は児童の健康若しくは身体的、精神的、道徳的若しくは社会的な発達に有害となるおそれのある労働への従事から保護される権利を認める。」（日本政府訳）

第五章　家族の論理、企業の論理

働く子どもたちとの直接的な接触をもつ主要な社会的行為者は、象徴化していえば、家族と企業というこの現代社会の二つの中心的な制度に属している。家族はいまなお、子どもの領域で機能しているたいていの制度あるいは組織の基準モデルである。それゆえ国連子どもの権利条約第5条は子どもに関わるすべてのことにおいて家族の中心的な役割を次のように認めている。

「締約国は、児童がこの条約において認められる権利を行使するに当たり、父母若しくは場合により地方の習慣により定められている大家族若しくは共同体の構成員、法定保護者又は児童について法的に責任を有する他の者がその児童の発達しつつある能力に適合する方法で適当な指示及び指導を与える責任、権利及び義務を尊重する。」（日本政府訳）

ところが、児童労働の労働というたんなる言葉は、家族の生活の場とは別の場、例えば仕事場、作業場、工場、その他経済活動の場、要するに企業という名で総称される場を想い起こさせる。つまりわたしたちの常識は知らぬ間に子どもたちを家族に結びつけているので、児童労働と聞くと、労働を企業に結びつけてしまう。しかしまとまった収入の一つは、子どもたちの労働によらなくてはならない収入であったりもするので、家族と企業のあいだの関係の進化をもたらす。この進化は最終的には歴史上は政治と経済のあいだの関係の問題に跳ね返り、サミール・アミンが『資本主義、帝国主義、グローバル化』【原注5】で展開している主張によれば、グローバル化の主要問題となる。今日の世界における働く子どもたちの位置について基礎的な考察をおこなうなら、この二つの制度のもつ論理を分析することは不可欠である。ここでこの主題に数ページを裂くことはもちろんできないが、少なくとも研究をさらに進めるための誘《いざな》いとしてその重要さを指摘することはできる。また資本、技術、時間要因など探求のためのさまざまな指標を用いることもできるが、わたしはここでは子どもの職業訓練を取り上げてみたい。

職業資格は、それが労働者の管理、企業の構造化、資本の収益性に影響を与えるものであるので、資本—労働関係の核心である。それは政治と経済の長い歴史のなかに刻まれてきた現実であり、深い文化的力を動かしてきた現実である。複雑な、いわば生きた現実である。こうして職業資格は、市場の変動に直面する生産システムのように、働く者の多少とも偉大な柔軟さの源となっている。企業にとって、労働者の職業訓練は企業がそのコントロールを自らの義務とし、非常に神経をとがらせている領域である。それは例えば現代のフランスで、経営者側が教育システムに対するさまざまな試案を示すとき、学業と職業研修を交互に取り入れた労働者の研修制度の改革を自分たちのコントロールの下に置いたり、職業実習（見習い）制度に関する法令を心も軽く踏みにじったりしていることに如実に現れている。

労働者にとってもまた、職業資格は言うまでもなく死活問題である。日々の雇用、収入、職そのものが職業資格に左右されるからだ。労働者が若ければ若いほど、資格問題は重みを増す。若い労働者ほど、あらゆる種まきに適した処女地であり、あらゆる方向に向かう助走路でありうる。

職業資格はまた、企業を通した社会への目に見える着地点であり、子どものいま現在の雇用とこれからの人生との位置関係を測るものでもあるので、家族にとっては、とりわけ極度に貧しい家族にとっては、あらゆる夢と希望の源である。まずは食わせなければならない人数が少し減るという希望、やがては残りの者たちの助けとなる収入増への希望、そして親たちがやろうとしてできなかったこと、俗な言い方をすれば「はいあがる」ことを子どもたちが実現するのではないかという夢である。

子どもの職業訓練をまるで本人の私的所有物かその特性であるかのように見なして、子どもを企業の一分野に押し込めてしまうものだと考えるとしたら、それは誤りであろう。職業資格全体は、材料、道具、まわりの人々の三つの要素から構成されている。これら三つの要素は、より正確に言えば働く者とこれら三つの要素一つひとつとの関係は、それ自身独自の法則で動く三つの衛星の軌道のように進化する。しかし、いずれ働く者は同じ方向に向かう。つまり家族との生活を離れ、もっとも洗練された技術をもった企業に職を得る。だからこそ、職業訓練は働く子どもたちにとってのあの主要な二つの制度、家族と企業の論理に光を当てるための格好の研究の場なのである。では、これから一方の制度＝企業がもう一方の制度＝家族からどのようにして家族のもっとも純粋な生産物である子どもを盗み、ときにまんまと子どもをその反対物たる純粋な労働力に変形せしめるかを見てみよう。

家族とともに働く子ども

わたしがまず家族の状況を分析することから始めるのは、企業における実践を批判するためのモデルを引き出したいためではなく、たんに時系列から言って子どもは家族とともに暮らし、その後企業で働くために家を出るからである。しかし、それはさておき企業で働くときには、子どもは明らかに空っぽの容器としてではなく、なんらかの態度あるいは習慣を身につけて仕事に就くということを見逃してはならない。では、家族の枠のなかでの子どもの活動の一つひとつを、材料、道具、まわりの人々という三つの核を中心に観察してみよう。

1、子どもと材料

この問題に目を向けて最初に驚かされることは、何が材料で何が材料でないか、定義できないことである。子どもの想像力にかかれば、手の届くところにあるものすべて、あるいはそのほとんどが明確な利用目的をもった材料に変化する。しかも大人の推測をはるかに超えてごく自然に成し遂げられてしまう。例えばここにある土塊は招待客たちとともにする食事を作る厨房となり、あちらの薪《たきぎ》が牧草地や水飲み場へ連れてゆく家畜とさえなってしまう。すべて子どもの頭のなかで発想され、子どもの自由な決定にゆだねられている。子どもの活動にとって材料はどうでもよい、まったく自由なのだと強調しておきたい。

もしいくつかの事物が少しずつ特定の役割をもった特定の材料となってきたら、大人が子どもの活動分野に足を踏み入れたのである。教育的労働がいよいよ始まった。子どもはそれぞれの使用価値に応じて事物を分類し、それらの事物に対して、いずれは、いやおうなく「まじめに」ならざるをえない。子ども対大人の最初の出会いの瞬間から、子どもの「遊び」は大人の「労働」に比べてまじめには見えない。まだその名でこそ呼ばれてはいないが、職業訓練はまさに始まったのである。この訓練は家族が貧しければ貧しいほど、早く始まる。実際、自分たちの仕事にかかりきりで、子どもたちを放っておかざるをえない親たちは食べ物や飲み物、けがをしたり火傷をしたりするようなきわめて重要なものに対しては子どもたちに非常に早くから「大人の」ような態度をとるように仕向ける。無気力な者や落ち着きのない者に対しても同様である。子どもの安寧に関わり、ときに生命にさえ関わるからだ。

子どもが三、四歳にもなれば、遊びとともにあるいは遊びに代えて、目的がはっきりした活動、材料の選択が行為者の自由にならない活動すなわち仕事を任されるので、子どもは速やかに次の段階に進まねばならない。仕事とは「ちょっとした」（と大人たちによって形容される）家事労働や農作業である。それは材料との関係で言えば、運搬、選別、清掃の三つの基本作業にまとめられる。薪《たきぎ》を集める、水を運ぶ、牛糞を拾い集める、大人たちが捨てていった果物や野菜を選り分ける、石や粘土、わらを運ぶ、家や戸口の前の掃除をする、廃棄物やごみを選別する、鍋や食器を洗う、下着を洗濯する、さらには水牛を洗う。

こっそりと（と言ってよければだが）材料との関係は変わりはじめる。いま挙げたような活動では、事物は変形しない、ただ場所が変化するだけである。この段階では子どもの創造的な可能性が生かされることはあり得ない。むしろその逆でさえある。子どもの制御不能な自由に任せていては期待された結果は望むべくもないからだ。だから、ある意味では事物はミイラ化すると言ってよい。事物はもはや子どもの遊びにあまり呼応しない。事物が身元証明《アイデンティティ》を主張していると言ってもいいだろう。米を煮るときに使う小枝は騎士のサーベルではなく、鍋の下にいなくてはならない。汚れた下着は王妃のドレスではないと言い、洗濯の水を待つ。この訓練段階で子どもは、活動の対象となる素材あるいは材料としての事物が当然にも尊重され、尊重されることが必要な品質をもつことを学ぶのである。

そして、家族でおこなう職人仕事というあの働く子どもたちの伝統的な仕事の段階へと一歩進むときこそ、先に挙げた家事労働や農作業に子どもが従事する段階で現れる職業訓練という観点から、わたしたちは非常に重大であると思う。実際、自分の親の職業についた見習いといわれる子どもはごくわずかであるが（親がその職を失っていたり、子どもたちが雇用市場の別の分野に捕らえられていたりするので）、わたしたちの理論的な考察にとって重要なのはそのような子どもの数ではない。職人というものは、自分の生産活動が手にした材料の根本的で自由な変形ではなく、むしろ材料から完成品とするために邪魔になる要素（長さ、厚さ、形、不純物など）を取り除く「純化」活動であることを知っている。そのためには材料の特性を尊重しなければならないのは言うまでもない。そして、この材料の特性を尊重できる能力こそが職人の職業的な価値基準でもある。

指物師《さしものし》が木々の幹をじっくりと、すべての感覚を使って木と対話するかのように観察し、鋤のかなえを作るのに適した一本の幹を選ぶ。こうしたことは主だった職業の一つひとつについても言える。ジェラール・ドゥ・ベルニは視野をさらに広げてこう書いている。「手工芸にたずさわる者は、自分の仕事について想いをめぐらしはじめた当初から、自然をその法則に従って利用するときにしか仕事はうまくゆかない（知的なものにならない）ことを知っている。自然の法則に逆らうのではなく（万有引力の法則に逆らって働こうとする者の姿を想像するがよい）、自然の法則をうまく組み合わせ、まったく別のもの、気の向くままにさせておいてできる以上のものを作り上げる。両手を使った努力に自然の抵抗を感じた手工芸者は、自然の法則を無視しては自然を巧みにあやつることはできないことを感じとっている」【原注6】。この段階の子どもが学ぶことは、事物は作りたいものを作るための虜でも、滅ぼすべき敵でもない、つまり事物は尊敬すべき地位、パートナーとしての地位を占めているということである。

2、子どもと道具

何かの生産物を得ようとするとき、物質との出会いになくてはならない要素、それは道具である。材料のときと同様に、ここでもまたその定義の困難性、不確かさにぶつかる。子どもが使う最初の道具は、自分の手である。子どもの「遊戯」活動（これもまた大人たちがつけた形容であるが）のための材料が子どもの想像の内に材料としてあったのと同様に、道具もまた子どものからだの一部をなしている。子どもの手は金づちであり、斧であり、のこぎりである。実際は、子どもはまず想像の世界で道具を遊びに役立て、大人のまねをする。これらの道具が実際には存在しなくても、子どもには役立つのである。子どもは箒《ほうき》もなしに掃き、のこぎりなしで切る、そんな例は数多くある。

それにまた、材料の場合よりももっと明確に道具が子どもの活動領域に居つくのは、利用するようにと子どもに与えたのであれ、たんにまわりの人々が利用しているのを生まれたときから見ていただけであれ、そこに大人の関わりがあったからである。

子どもに求められる労働は道具の使用を求めはしないし、そんな例はあっても稀である。子どもたちは手で拾い、集め、摘み、選り分け、掃く。子どもは大人の労働者の社会的地位に近づくにつれて道具を使うようになる（使う許可が与えられる）。他方、子どもが幼ければ幼いほど、使用される道具は自然の状態に近い原材料でできている。それゆえ大人の介入はわずかである。粘土を成形型に詰めるための木片、洗濯のときに下着を打ちつける石、潅漑用の水路を閉じたり開いたりする土と小枝、家畜を追うむちとなる枝……。無論、子どもが大きくなるにつれて使わなければならなくなる道具は大人によって作られたものになる。言うまでもないが、忘れてはならないことである。

道具との関わりについて、二つの事実に注目する必要がある。必要とされる道具が若い労働者によって製造されることとそれによってまわりの人々から労働者として認知されることとのあいだにある関係、もう一つが、それだけになお一層明らかに機械の使用からはほど遠い伝統的な生産様式に留まっているという事実である。驚くべきことだが、食べ物の煮たきをはじめる少女にとっても、れんがを焼き、鉱石や金属を溶かしはじめる少年（妹よりは年上だが）にとっても、道具と同様に火の支配が子どもから大人への移行の重要なステップとなることが確認できる。火の人類学的な意味をここで強調する必要があるだろうか。働く子どもたちの生活のその核心に（わたしは指摘するだけに留めて脇道にそれないようにするが）、文化的な研究の手懸かりがある。

道具との接触、とりわけ道具の使用は子どもに材料に対するある種の力を与える。ここに職業資格の意味について本質的な考察をおこなう余地が開ける。事実、大人たちの世界から授与される道具類によってもたらされるこの力は、一種の委任された権力、大人たちの計画のために大人たちによって委任された権力である。子どもを大人たちの計画により強く、より効果的に奉仕させるために、大人は道具の秘密を子どもに開示する。この道具の秘密の開示という表現は、働く子どもたちがしばしば搾取の犠牲となっているのを見てきたわたしたちの目には婉曲な表現に見えるだろうが、しかしこの表現には根拠がある。子どもに提示される道具は働き手、作り手、使い手それぞれがその長年培った最良の技術で作り上げたものであるからだ。それゆえに働く大人は子どもに道具の使用を強いることによって、厳正な家族の枠を超え、より広い共同体の名において行動する。こうして大人は子どもを生産という冒険、大昔に先人たちによって始められた冒険に引き入れる。この意味で、道具の伝授と道具の習熟は、職人と一対一の関係にある子どもの場合においてすら子どもの社会化という重要な側面をもつ。道具の秘密を開示すること、それは同時に共同体の扉を開くことであり、社会的な関係を作ることである。

　たしかに大人は子どもをいわば遊びによる自然との気ままな一体感から離れさせ、結果と利益を中心とする大人の「まじめな」世界に連れ込むために道具を利用する。おそらく権力への参加は、一般的でより強烈な表現を使うとすれば、よりよく隷従させるためである。それでも、道具のもつこのプロメテウス的な【神々から火を盗んで人間に与えたような行動意欲と人間への信頼に満ちた】様相、つまり道具は敵意をもった荒々しい自然を征服することを可能にしてくれる武器であるという意味では「好戦的な」様相は、それがきわめて西洋的であるために、考察においては慎重に扱わねばならない。アジア、アフリカなどの文化圏であれば一般的にもっと平和的な、控え目の、共生的なアプローチがある。また道具のもつこの様相は、社会的訓練における働く子どもたちの位置について考えるとき、とりわけ言葉のもっとも広い、もっとも崇高な意味でのエコロジスト（環境保護を訴える人々）の運動がわたしたちに来世紀に約束してくれている一大転換を念頭におくならば、わたしにはとても重要なことに思える。

先にジェラール・ドゥ・ベルニが語った手工芸者は、自らが材料との出会いを妨げるものすべてを取り除くときか、材料が発する声に謙虚に耳を傾けるときにしか、自然の法則を尊重するあの態度を見せられない。わたしたち、西洋の世界に暮らす者は、見習いに対して空の容器を満たすこと、いわば貴重な財産を増やすように技能を蓄積しようとすることと思いがちである。だが実際は、むしろ純化の方向に存在を進化させることである。この過程において、道具は最良の同伴者となる。道具は何世紀も働きつづけてきた先人たちによって鍛えあげられ、もはや非の打ち所もないまでに、実現すべき作品と完全に調和している。さらにまた、この見習い制度をより深く理解するためには、見習いの恩恵に浴している子どもたちの数がだんだん少なくなっているとはいえ、伝統的な職人たちの仕事場で実際におこなわれている見習い修行を観察する必要がある。見習いはいくつかの所作の気の遠くなるようなくり返しであるが、ここで見習いは道具が材料と対話するのをじっと眺め、聴き入るのである。見習い制度にあっては、その究極の目的は手工芸品の生産ではなく働き手の訓練であるので、材料の場合と同じように子どもは道具の使用法則、道具の存在それ自体から湧きあがる諸法則を尊重すればするほど、生産力が高まり、材料とのまじめな関係を保っていられることに自分で気づくようにされる。

3、子どもとまわりの人々

子どもの生活のなかで家族の枠がいかに狭かろうとも、子どもが出会う人々はその数も多く、じつに多種多様である。ここでは家族とともにおこなう子どもの労働について考えるという決められた枠のなかで、わたしたちの興味を引く人々とはたんに子どもと関係がある人々というのではなく、労働に身を投じている子ども、児童労働を構成する関係に関与している子どもと関係がある人々である。それゆえ、興味がありそうに見えても、仕事の仲間、兄弟姉妹、近所の子どもたち、子どもが出会ったり一緒になったりするさまざまな大人たちはここでは取り上げない。

わたしたちが取り上げる人々には二つの特徴がある。子どもを仕事に就かせている（仲介者がいるかどうかはさして重要ではない）、大人である、この二つである。子どもは家族の所有に属しているので、家族のなかで権威を持ったある唯一の人物が子どもを思いのままに扱う。それゆえ、それは当然にも大人である。兄や姉では、必要とあれば、自分たちの権威が幼い弟や妹に対してどれほど相対的に高いか、両親から委任された権限に関わるものにすぎないかをながながと釈明するのが関の山だろう。いずれにせよ、権威と大人の社会的地位とのこの結びつきは児童労働の必要不可欠の条件である。だからこそ、この条件は重要な意味を持つ。

一方、子どもに求められる活動は移行である。移行の出発点は、手っ取り早く子どもの世界と呼ばれている、遊びの特徴を色濃くもったあの一種独特の、むしろはっきりしない世界にある。しかし到着点は事物が一つひとつその場所、その価格をもった、大人のはっきりした世界である。子どもに対する権威を認められたただ一人の大人が子どもたちの世界に入ってゆき、一人の子どもをつかみ取り、奪い、よそへ、大人たちの世界へ移すことができる。そのうえ、この「流刑」は無償の活動（大人にとっては差し迫った有用性のない）つまり教育の形をとるのではなく、大人の役に立つ活動の形で実現されるとの決定をこの大人は下すことができる。この決定は事実上、一つの世界から次の世界へと移る旅程を削減し、予め定められた着地点をその限度として子どもに押しつけることである。

では、子どもを仕事に就かせるこの大人は明確にその仕事を決められるのだろうか。ここにまた難しい状況がある。母親は果たして、わが子が「世間に出て」働いているのをやめさせられるのか。父親はわが子孫が仕事仲間となることを望んでいるのだろうか。働く者は選んだ道具が仕事に役立つと予想しているのだろうか。客は注文した製品の品質と価格の関係を心配しているのだろうか、などど。さらには、子どもが幼くて家事労働に就いていればいるほど、これらの問題が未解決であることもわたしたちにはわかっている。子どもによって集められた木片がさまざまなことに役立ち、児童労働の初期の原始的な道具が長く多くの目的に使用しうるのと同様に、子どもの大人との関係はずっと曖昧なままである。しかし、遊びが速やかに仕事にとって代わられ、材料が期待される製品にあわせて迅速に勢揃いするようになり、道具が使用目的にあわせて分化するのと同様に、大人との関係のいい加減さはたちまち消え失せる。こうして子どもは誰と関わりをもっているかを学ぶ。

ここでもまた、わたしたちは子ども段階から労働者段階へと、つまり間違いなく製品を確約できる者の段階へと移行しなければならない子どもの「純化」の過程に出会うことになる。子どもは注文を受けたとおりに確実になしとげなければならない。家の水瓶《みずがめ》は食事につかう水でいっぱいにし、薪《たきぎ》は鍋の下でうまく燃え、わらはれんがの下にちょうどよい大きさに広げておかなくてはならない。くり返しになるが、家族でおこなう職人仕事がこれらの問題点をはっきりと見せてくれている。客が何かを注文するとき、まるで客がすでにその製品を手にしているかのように、客と職人はいつも驚くほど長々と込み入った対話をする。この対話が材料、道具、問題となる技術、労働する側の好みと意見、客の側の製品の使用目的などあらゆる構成要素の進化を可能にする（わたしはいっそ製品がもつ全構成要素の共生の度合いの進化と言いたいほどだ）。このとき労働は事物と人および人と人との関係を変化させる社会的関係を余すところなく現わす。ところでこのような理想の形が実現するには、一つには構成要素の一つひとつがそれそのもの《アイデンティティ》として十分に尊重され、さらには例えば職人なら職人が生産過程全体について権威をもっていると社会的に認められていることが前提となる。

こうして、家族のただ中でおこなわれる経済活動に子どもを参加させる大人を実質的に定義することができる。すなわち、子どもに対して権威をもち、労働の開始と終了を決定できる人物、家族が何を必要としているか、子どもが活動の各局面で何ができるか知っている人物、子どもに要求する仕事はすべて自らもまた実際におこなえる人物、要するに児童労働をとおして自ら社会的構築活動につながりをもっている人物である。あるいはさらに言えば、児童労働を利用して意識的に社会的構築に参加している人物とも言える。これが家族の枠のなかでの活動にみとめられる職業訓練の真の意味である。つまり、自分と周囲との関係がまだ遊びと気まぐれに基づいている一人の子どもがその他の存在（材料、道具、まわりの人々）をパートナーか同伴者と見なし、地上の生活であるあの冒険のなかで自分自身をそういう者と見なすように仕向けることである。要するにこの大人は、子どもと大人自身の間の溝を小さくし、子どもを大人の水準に合わせる人物（子どもに押しのけられる危険さえ冒して！）であり、職業訓練とは大人と子どもの間にある相違を平準化する過程である。わたしたちはここにこそ児童労働における搾取の問題の鍵があると見ている。しかし児童労働問題をより幅広く理解するためにはそのもう一方の端にあるものを見つめなければならない。すなわち子どもの労働に関与しているもう一つの制度、企業のなかで何が起きているかを観察しなければならない。

企業で働く子ども

ここでは企業における児童労働のあらゆるパラメータ【現象などの解明の鍵となる要因】の余すところのない研究をおこなうのではなく、先に家族とともにする児童労働でみた三つの指標（材料、道具、まわりの人々）を使って、その比較から、家族とともにする児童労働と企業における児童労働のあいだにある相違点と一貫性に光を当ててみたい。

わたしたちはここで、一つひとつ別々に取り上げられる各要素がもつ普通の生気が色褪せてゆく過程に立ち会う。それゆえに、各要素間のさまざまな関係が現れてくるのが見えたり、またときにはこれらの関係の消滅を確認しなければならなくなったりもする。この過程は最終的には二つの特性を見せる。要素の本質的な特徴の消滅によって引き起こされる不在と、各要素が消滅した内部エネルギーである社会的固定化である。

1、子どもと材料

企業における材料の地位は、家族でおこなう労働における材料の地位と比べれば根本的に変化している。それは、児童労働を注視すれば、はっきりとわかる。概略的に言えば、活動を求めるのはもはや材料ではなく、まさにその活動の所産が求めるのである。

材料が内包するあらゆる利用方法の可能性はただ一つの可能性、企業が専門としている製品に対応する唯一の可能性に絞られる。この現実は企業での生産がきわめて多様化されているという事実によっても変わらない。各部門、各工場とも同じ生産論理に従って動いているからだ。また普段から児童労働に頼っている企業はじつに特殊な企業で、実際子どもたちの生産の場では、一種類とまでは言わないが、ほんの二、三種類の材料としか出会わない。

子どもは見習い労働の第一日目から、新たな地位に向けて進化させる原材料のまえに立たされるのではなく、予め生産を求めている製品のまえに立たされる。蛍光管の中に入れる電線を歯でかみ切るとき、子どもはその長さを守らねばならない。電線の外被の固さや柔らかさで長さを変えてはならない。たばこの葉に穴があいていたり、葉脈が固かったりしても、葉巻の太さを変えるなんてもってのほかだ。切り、もみしごき、形を変え、それでも不十分なら、捨てる。

これは働く子どもにとっては一大転換である。働く子どもはもう、その組成や特徴を考慮に入れるための材料との対話をさせてもらえない。木片、鉄の棒、石、絹糸が働く子どもにとって材料であるのは、これらの存在がそう望んでいるからではなく、企業で権威をもつ者がそのように決定したからである。そして企業家の選択をとおして、原材料にその地位を与える決定機関となるのが（商品となる）製品である。ついでながら、決定機関はいつも生産の場の外にあり、ときに子どもの生活環境からはずっと遠くにある。原材料が自然のものではなく、人工的で、製品に合わせて文字どおり半製品化《プレハブ》されている近代的な製造工場ではことに顕著である。

働く子どもたちが置かれている位置について理解するためには、このような状況から二つの帰結を引き出しておかなければならない。まず第一に、子どもにとって死活問題となるのは、その存在ゆえの材料と企業のトップの意思から発している材料とのあいだの違いを明らかにすることではない。材料を知ることではなく、権威に服従することである。材料はその価値を失い、もはや存在しない、また材料を子どもとの関係の場から追いやり、その地位を奪ったのは商品であるとも言える。

第二の帰結は、子どもを多種多様な材料、すなわち一般には原料あるいは自然とさえ言ってもよい材料に結びつけているさまざまな絆はゆるみ、その強さを失っているということである。自然のなかの生活を言っているのではなく（たとえ外観上、原則的にはなお農村で占められている世界では無視しえないとしても）、事物との一般的な一体感、あえて言えば事物との共生をなくした生活を言っているのである。石を割れば、子どもは固い核に直面し、木々の皮を剥げば、木の節を見いだすことができた、つまり子どもの探求心をさらに増幅するような新たな要因に満ちていたのである。板状のフォームラバーを切り刻んでも、何も起きない、何事も起こさずにすむ、すべてがあるがままで、物の上っ面が見えていれば十分である。そうとは知らぬ間に、子どもは製品の使用価値から交換価値への変異の真っ只中に立たされ、この操作の勘定書を支払わされる。なぜなら、こうして物の根っこをだめにし、自然だけでなく人間をも傷つけるからだ。子どももまた少しずつ根っこ《デラシネ》をなくし、なにものかを失っていく。

2、子どもと道具

企業における児童労働では、道具は、それゆえ子どもの道具との関係は材料の場合と同じように大きく変化している。道具は機械へと変身し、企業のなかに入って材料と同じ運命を辿るという事実は容易に理解できる。道具は製品のためにあらゆる役に立たせられる。同一製品の大量生産のために道具は（強いて言えば）劣化しようとも、役立たされる。また、材料で見たように道具についても、同様の性格喪失化の現象が見られる。生産活動をやめるのを禁じられているときに、道具との分離が手仕事をする者にとって何を意味するかを知っていれば、子どもの性格を奪うと言ってもあながち過言ではない。

子どもの道具や機械との関係はどうなのだろうか。仕事が道具も機械も必要としないタイプと、子どもが道具あるいは機械を使って仕事をするタイプの二つを見てみよう。どちらの場合も、見かけはともかく結果は同じである。子どもは道具との関係を禁じられ、（創造的力としては、それゆえに道具をもつ者としては）生産過程から締め出されている。子どもの発達にとって、事は重大である。その詳細をながめてみよう。

機械設備なしの労働　子どもに求められる活動を分類すると、運搬、選別、清掃（ここには機械との対話を入れることもできる）のあの家事労働と農作業の三つの区分、これに加えて包装がある。これらが子どもたちに求められる仕事のなかでも断然多いタイプであるが、原材料の変形という厳密な意味での生産活動にはあまり関わっていないとも言える。実際、これらの仕事は生産活動の各局面で細かく分けられているので、見習いはまったく不要で、子どもたちのさまざまなグループでできてしまい、わずかな動作しか必要としない。

しかし、これらの子どもたちの仕事の詳細をよく見ると、その活動は事実上ただ一つ、運搬というタイプに還元できる。つまり対象物の全体であれ部分であれ、その場所を変えるだけだ。その違いは活動において手や足だけを動かすのか、体全体を動かすのかの差である。ありったけの力で、さらには他の働く子どもの手も借りて、四〇キロ、五〇キロもあるセメント袋を運搬するか、菓子の包装という指先だけでできてしまう最小限の運搬をするかの差だけである。

だが、これらの仕事は、より正確にはこれらの体の動きは何日、何週間、何か月と果てしなくくり返される。子どもは座ったままで、一日一回の休憩を除いてはまったく身動きがとれない。こうして極度の疲労と手足のしびれ、食欲不振、さらには働く子どもの社会的地位の毀損という、本書の関心事でもあるより深刻な不幸の諸症状に襲われる。道具を与えられず、動作の単純化と反復を促され、強要されて働く子どもは新たな窮乏化にみまわれる。通常の労働環境との絆、根っこを奪うという意味での窮乏化であり、子どもの発達の可能性に係わる窮乏化である。

機械設備をともなう労働　企業においては子どもたちはめったに道具を使わないこと、道具の代わりにいつも機械と交渉をもっていることにまず注目しよう。間違いなく、この違いは非常に大きい！

このテーマに関する文学作品は図書館にあふれている。いや、わたしたちが間近から凝視しなければならないのは、機械設備をともなう労働に就かされた子どもにおこる重大な変化と、働く大人に比べてどこか違った、特殊な心境にある子どもである。

たとえ機械をともなう労働が理論的にはある権力を子どもに与えるとしても、また雇用者が子どもにそう思い込ませるために何をしようとも、それは働く子どもにとっては社会的地位の向上ではなく、隷従である。なぜなら、機械の力は子どもに何ももたらさないからだ。機械の力は生産にしか奉仕しない。子どもが初めて機械をともなう労働に就かされたときの、機械に対する子どものまなざしの進化を見守ることはたしかに興味深い。始めは満足している。目新しいからだ、そこには発見がある。(子どもにとっては機械に象徴される)自分が属する社会がこの技術は進歩と洋々たる前途の証しであると思いこませるので、子どもは誇りに思う。ある種の力を得た印象さえ覚える。要するに子どもは少し大人になった、言葉を換えれば、周囲の者とは別格になったと感じる。だが、この目新しさゆえの興味が急速に消え失せ、生産高の確保が要求されると、単調さと疲労だけがいや増すようになる。そして結局は子どもは部署を代わるか、作業場や工場から逃げ出そうとする。

いったい何がおきたのか。働く者に代わって機械が道具の操作をするようになった。切り、穿《うが》ち、削り、つぶすなどをするのは機械である。この機械の出現によって道具と分離され、材料の直接的な変形と疎遠になるのを目の当たりにして、子どもは子どもならではの影響を受ける。子どもが機械を「動かす」ように仕向けられることは稀になり、むしろ原材料やできあがった製品の運搬作業で機械に「奉仕する」ために使われるからだ。そのうえ機械はモーターのエネルギーで動いている。それゆえ疲れを知らず、継続して働く。このことが道具と働く子どもとの乖離をさらに大きくする。機械は児童労働における多様性、新奇性、創造性といったあらゆる可能性を消滅させてしまう、要するにそれは子どもの発達の決定的な停止である。

原材料の変化が働く子どもの生活に素材との新たな関係を築いたのは、先に見たとおりである。道具の機械への変異が働く子どもにもたらしたもの、それは子どもが発展途上の存在と定義できるのであれば、まさに基本的な要素、時間との新たな関係である。本来時間はその経過のなかで冒険と変化と発達の可能性をもつものであるのに、意外にも子どもが作業時程の弾力性や自由時間の楽しみを発見することなく、宝であるこの時間が消滅してしまうのである。機械をまえにして、子どもは自分という人間の歴史的な意味の弔いの鐘が鳴るのを聞く。

子どもたちを雇っている企業においては、産業用ロボットや情報機器その他の先端技術などは話題にも上らないが、これらの技術は近代的な企業で働く職業資格をもった労働者にじつに多くの新たな問題を提起し、新たに生起する危機だけでなく新しい人間像、新しい社会の出現に直面した活力ある様相を浮かび上がらせている。しかし働く子どもたちにとって、このような展望はそもそも存在しない。機械が子どもたちに提起するか強要する変異は後ろ向きであるからだ。この有り様は、わずかな情報が伝えるだけでもまるで万能薬のような技術的進歩をともなった二〇〇〇年の到来を告げている今日的な状況では無視しうるものではない。もっとも遅れた田舎においてすら、この雰囲気はなんらかの形で子どもたちの心を、夢と空想が毎日の糧である子どもたちの心をとらえているからだ。わたしは何時間になるか数えられないほどインドを列車で旅行したが、子どもたちが一日中列車の掃除をしていた。子どもたちはある駅で乗り込んできて、別の駅で降りる。親切にしてくれる乗客もいるが、車掌や警官に見張られ、次の駅で乗り込んでくるかもしれない競争相手を気にしている。そんな彼らも新世界がすでに始まっていること、しかも悪いニュースとともに始まっていることを知っている。列車《トレイン》はもはや列車とは呼ばれず、「超特急《スーパー・エクスプレス》」と呼ばれ、子どもたちが掃除のために乗り込むことは禁じられている。

3、子どもとまわりの人々

子どもの年齢が高くなるにつれて、両親に対するある種の異化作用がはたらく。それは、ある日子どもを急に自立させ、自らを大人として位置付けるように導く作用で、企業で働いたという経験が、瞬く間にとまでは言わないが、結果として子どもと雇用者を互いに異物に、ときには互いに敵にしてしまうような進化を生み出す。もちろん、あらゆる労働の場がわたしがここで描く基本形態そのままに機能するわけではない。ここで見定めようとしている家族と企業という現代社会の二つの中心的な制度の論理は、現実にはさまざまに変貌しているからだ。この論理を理論的に整理するまえに、インドの絨毯産業を例にして現実を見つめてみよう。別の国の別の産業部門を取り上げても、同じ結論を得るであろうが、わたしがこの例を取り上げたのは、なによりも資料が豊富にそろっていて、多くの人々に知られ、国際的規模での闘いの場となっているからである【原注7】。

インドの絨毯製造はインド北東部ウッタルプラデシュ州に集中している。世界的に知られた典型を得たいのであれば、ベナレス市周辺がよいだろう。この地方は非常に貧しく、産出するものは人手ぐらいである。約六十万人の労働者が絨毯産業に雇われ、そのうち少なくとも十五万人の子どもたちが絨毯製造に従事している。一九七五年、インドの資本家たちは絨毯産業に投資することを決定した。当時、伝統的な絨毯織工は約二万六千人いたが、子どもはごくわずかだった。インディラ・ガンジー首相は絨毯産業の振興をはかり、子どもの就労を認める家族に手当を給付するという大量見習い計画を実施した。絨毯の輸出はインド経済に年平均三億五千万ドルの収入をもたらした。子どもの織工の平均日当は五〇セント、無報酬ではないので、奴隷ではない。では子どもにもう少し近寄って見てみよう。

作業場は親の家とよく似た粗壁土の小さな家で、村や集落から多少離れたところにある。作業場には窓が一つしかないところが多く、一区画に何台もの織機が並んでいる。通風が悪いために、肺を病み、乏しい採光が目を痛める。夜には家に帰る子どもも、遠くから来ていて織機の足元で寝泊まりする子どもも、朝食代りに紅茶を一杯飲むだけで夜明けとともに働かなければならない。子どもはいわゆる機織《はたお》りに就くこともあるが、毛糸を用意したり、絨毯のさまざまな仕上げ作業に就いたりもする。急な注文が入っていない限りは午後一時頃には三〇分の休憩があって軽い食事をとるが、作業場に住み込んでいるときには自分で食事の準備をしなければならない。仕事は日没までつづく。単調極まりない日課に生産ノルマ、空腹、のどの渇き、疲労、眠気、わずかな誤りにも、ほんの一時ぼんやりしていても叱責と殴打が飛ぶ。子どもはまるで監獄に押し込まれているようだ。見習い修行は本来、毛糸の見分け方、織機への装着の仕方、結び目の締め方など、せいぜい三、四か月で覚えられる作業を習うことになっているが、実際はその何年間かに習い覚えることは、毎日の労働の苛酷さは織工長の

「残酷さ」のなせる技ではなく、社会全体の表現だという事実である。専門家たちはこれを、子どもの社会化の過程だと言うが……。

どのようにして働く子どもにさまざまな社会的価値が刷込まれてゆくかをもう少し詳しく見てみよう。八歳か九歳で仕事に就き、幼年期を終える十五歳頃までの五、六年間の就労期間にこの刷込みがみられることにまず注目したい。ぼんやりしていれば教訓も何も頭に入らない小学校での教育と違って、子どもはこの社会的諸価値の刷込みを免れることはできない。

子どもは毎日の仕事を熟練した織工と共同でおこないながら絨毯織りの技術を習うが、子どもはこの熟練工が作業場長に支配されていることをいち早く発見する。この作業場長こそが織機の運転を統括し、一人ひとりに給料を払う。熟練工は毎日家に帰るが、作業場長は普通は作業場に隣接した一角に住んでいる。作業場長はほとんどが織機を扱えず、ただ監督するだけである。また織機を自ら所有していることも滅多になく、仲介業者Xとのつながりがあるだけである。仲介業者Xは定期的に毛糸の供給に来て、次の注文を伝え、台紙に描いたデザインを渡し、絨毯が期限内にできあがるか確かめ、給料用の現金を託す。Xは村で職業をもっている。小学校の教員か役人、警察官、代書屋、粉挽き屋などである。初めのうちXがわがもの顔にふるまっているようにみえても、働く子どもはしだいに、Xは作業場と皆から「Y親方」と敬意をもって呼ばれている人とのたんなる仲介者にすぎないことを知るようになる。Yは広大な土地を所有しているが、村ではなく町に住んでいる。見かけと違って、織機は本当はXのものではない。XはY親方に借金をして織機を手に入れ、Yから原材料を買い、できた製品をすべてYに売る契約を結んでいる。Y親方は土地からの収入を投じて、Xのような代行者たちを通して数十の作業場の絨毯を集める仲買業を営んでいる。利益をさらに上げるためにYはまた毛糸商、染物業者、梱包業者とも契約を結んでいる。子どもはおそらく生涯「Y親方」の姿を見ることはないだろうが、結局は作業場でも毎日の生活でもすべてYに依存していて、これが生涯つづく、あるいは少なくとも絨毯工場で働く限りつづくことを知る。Yをかすかにでも見かけるのは寺の祭礼か村祭りのときぐらいのもので、Yが選挙キャンペーンにやってくるか、地方にきた中央の役人たちのお供をしているのだ。

さらにはいろんな出来事や会話のはしばしから子どもは、自分の両肩にのしかかるこの巨大な権力ピラミッドの奥の奥まで見てしまう。絨毯製造に多大な貢献をしているのに、子どもの給料はできた商品の価値のほんの一部にしか当たらないことを知る。じつのところ、「Y親方」の上部には、商標《ブランド》も商店も販売網もそろえ、町の中に店を構えた製造輸出業者たちがいる。七〇年代の絨毯輸出ブームで、インドの若きエリート資本家たちが台頭した。彼らの唯一の職業資格は（それを職業資格と言えるとしてだが）、政界や官界に関係《こね》をもっていることである。この関係《こね》があればこそ政府の補助金を引き出し、絨毯振興計画を自分たちの利益に適うように利用し、取り締り法令が（あったとしてだが）絨毯産業に適用されないように監視できた。一九八四年に児童労働に関する新たな法律、「児童労働（禁止及び廃絶）一九八六年の法」が議論され始めるや、若き資本家たちは政府に、絨毯産業における児童労働の廃止はただちに外貨収入の減少をもたらすと申し入れた。そして最近では、NGOの連合組織が、子どもたちの搾取に頼らない絨毯製造を保証したラベル、ラグマーク導入の攻勢をかけたとき、絨毯産業の経営者たちはすぐさまカリーンなる別のラベルを作るという向い火《むかび》を打って政府を動かそうとした。すべては、児童労働の禁止などの社会条項を貿易協定に導入せよとの国際的な圧力を背景としている。

このようなことは、子どもにとって何を意味するか。子どもは作業場長を、程度こそ違いはしても、同じ職業資格で関係付けられている人物と見て、直接の雇用者、つまり自分の仕事に直接責任をもつ大人とはだんだんに見なくなる。子どもにとって結局は生産活動を開始させたり終了させたりするボタンの役目でしかない頭《かしら》がいるというだけなのだ。この徴候として、インドの絨毯織機の数も絨毯製造に従事する子どもの数も増えつづけているのに、父子二代にわたる織工の数は一九七五年以来減っているという事実がある。

わたしは絨毯製造を例にとったが、それはこの分野では企業が今もなお家族でおこなう職人仕事に近い様相をしていて、そのためこの分析によって家族と企業という二つの制度の相違が容易に把握できるからである。あまり複雑な職業資格を求められない分野、例えばスレートやれんがの製造や大農場での労働を見てみると、子どもはただ大人の労働者の傍らにおかれているだけで、同じ労働条件で同じ仕事をしている。この大人はなんでもない労働者で、子どもがずっと仕事に就いているように監視しているのだ。子どもを訓練する役目はもっていない。そんな必要がそもそもない。

一見して、わたしたちがおこなってきた考察は大人にも子どもにも適用でき、まさしく労働条件こそが問題であると思える。その通りなのだ。それでも、子どもがおかれている状況は特殊である。実際、たとえ大人には（マイノリティに属していて軽視されている、読み書きができない、過大な債務があるなど）さまざまな理由があって、企業における権威との関係で子どもと同じ「受け身の」態度をとっていても、大人には少なくとも原則的にはある種の行動の余地が残されている。例えば自ら仕事なり、企業なりを変えることも、新たな職業資格を得ることも、労働組合に加盟することもできる。ところが子どもはそれができない。子どもにそのような能力がないからではなく、そうすることを社会が子どもに禁じているからだ。子どもは成人していないから、社会参加や一般的な社会関係についてては失格の身であるのだ。働く子どもであるがゆえの失格である。家族の論理が子どもの社会関係を発展させ、いわば子どもを他者との出会いの場に押し出すことであるのに、企業の論理は子どもを社会的固定化のなかに押し込めることだ。企業の論理は子どもを家族から盗むことである。

いったい何のために？　ここでそんな疑問が湧きあがる。答えの糸口は、働く子どもたちと直接的な接触をもつ雇用者ともたない雇用者という二つのタイプの接点にある。言葉を換えれば、一般庶民の小さな企業と巨大企業の接点にある。そのまえに、政府の人々、要するに国家が働く子どもたちをどのように眺めているかを見ておく必要がある。ジェラール・マンデルの次の一文が次章への橋渡しをしてくれる。「資本とは、盗みである。経済的に盗むだけでなく、働く者たちの身体的、知的存在全体にも、わたしたちの社会でのこの存在の発展の可能性にも手をのばす盗みである。そして国家もまた盗みである。集団的行為と個人的行為が複雑にからみ合った盗みである」【原注８】。

第六章　各国政府の政策

公の討論会でも一対一の議論でも、必ず一つの疑問が出される。なぜ各国の政府は児童労働の搾取に対して何もしないのか。この疑問にはいくつかの問いかけが含まれている。国内法制は整っているか、法令は適用されているか、働く子どもだけでなく一般の子どもたちに対する政策はどうなっているか。これらの問いかけを一つひとつ取り上げるまえに、国際的なレベルでどのようなものが規範とされているかを、つまり大多数の国々で適用されている基本的な法文、規約、条約を見てみるのが望ましいだろう。

国際的な規範

本書は児童労働についてのマニュアルではなく、わたし自身法律家でもないので、現実に存在する規範すべての余すところのない精密な説明書の役割を果たそうなどとは考えてもいないが、もっとも意義深いと思える法文をいくつか概観するなかで、児童労働問題に関して現代の国際社会が何を考えているか、労働の世界と関係をもつ子どもたちの立場をわたしたちの社会はどのように思い描いているかを見てみよう。

国連子どもの権利条約(「児童の権利に関する条約」)こそ、一九八九年十一月二十日国連総会で採択されたもっとも最近の基準文書である。これは、まだ批准していない国がアメリカ合衆国とソマリアの二か国だけという、国際社会に最大限に迎え入れられた条約である。各国、各地方の言語への翻訳、その啓発《プレゼンテーション》のとてつもなく大きな努力の甲斐あって、そしてそれは今もつづいているが、条約は世界に広まり、子どもたち自身も含めた今日の多くの男性・女性の展望にどれほど直結しているか理解されるようになった。それゆえ、この条約は規範とまでは言えないにしても、各国国民が国の指導者たちに投げかけた極めて強烈なメッセージとなっている。

それは人間の全体像に関する合意の形成となった、一七八九年の『人権宣言』にともなって起きたこととこの条約とを比較してみてもわかる。子どもの領分にあっては、まさに一種の革命である。条約は子どもの経済的、社会的、文化的権利だけでなく、市民的、政治的権利にも触れているからだ。メッセージは明瞭だ。子どもは一つの集合体であり、子どもの権利はその一つひとつが織物の縦糸と横糸のように結びつきあい、一つの権利を侵害するとなんらかの形で他のすべての権利に累が及ぶ。それゆえ、これらの権利全体を尊重するなかで(子どもの申し分のない発達の尊重と言ったほうがいいのだが)、労働との関係の問題に向きあわなければならない。つまりは、子どもは労働力であるだけでなく、スポーツ好きであり、消費者、学ぶ者、旅行者、詩人、市民であるのだ。

それはともかく、児童労働の領域に直接触れているのが、次の子どもの権利条約第32条である。

1　締約国は、児童が経済的な搾取から保護され及び危険となり若しくは児童の教育の妨げとなり又は児童の健康若しくは身体的、精神的、道徳的若しくは社会的な発達に有害となるおそれのある労働への従事から保護される権利を認める。

2　締約国は、この条の規定の実施を確保するための立法上、行政上、社会上及び教育上の措置をとる。このため、締約国は、他の国際文書の関連規定を考慮して、特に、

（a）雇用が認められるための一又は二以上の最低年齢を定める。

（b）労働時間及び労働条件についての適当な規則を定める。

（c）この条の規定の効果的な実施を確保するための適当な罰則その他の制裁を定める。

【日本政府訳】

子どものための保護は搾取に対してだけでなく、就労から生じる恐れのあるあらゆる危険に対して求められている。そのうえたんに権利を宣言するだけでは十分ではない。国はそのためのあらゆる措置を講じなければならないが、その措置はじつに広範で、労働の領域における真の児童政策の実施を求められる。このため、児童政策は教育政策、保健政策とも調整しなければならない。

国連子どもの権利条約は「他の国際文書の関連規定を」適用した具体的な措置の確定を求めている。

他の国際文書とは要するに、ＩＬＯ（国際労働機関）によって取り決められた数々の規範である。（ＩＬＯ条約の他に、「経済的、社会的及び文化的権利に関する国際規約」（第10条第3項）、「市民的及び政治的権利に関する国際規約」（第24条第1項）、「奴隷制、奴隷取引、奴隷制に類する制度と活動の廃止に関する補助的条約」（第1条d）などの国際文書がある。ＩＬＯ（国際労働機関）は政府、労働者、使用者の三者の代表によって構成される国際機関である。三者の代表は年に一回、ＩＬＯ総会を開く。ＩＬＯ国際労働事務局（ＢＩＴ）はＩＬＯの執行機関で、本部はジュネーヴにある）。

児童労働の廃止こそ、一九一九年の創設以来、ＩＬＯの最大の懸案事項である。ＩＬＯの主要な活動は、本書に関連する分野で言えば、条約の作成とその批准の促進、および一定年齢以下の子どもの雇用を禁止し、許容しうる子どもの雇用条件を定める政策の推進であった。一九一九年の創設から今日まで時系列で、児童労働に関する条約や勧告が出されているのを見てみると、十年を待たずに常にその改善案が提起されている。全体で、雇用最低年齢に関するもの十六本、危険な労働に関するもの九本、夜間労働に関するもの五本、医療関連が五本である。

一九七三年に採択された「就業の最低年齢に関する条約（第一三八号）」は、児童労働についてのＩＬＯの立場を語るとき、避けることができない基準である。この条約一三八号は五十五の国が批准している。その第1条が総括的な観点を明確に示している。

「本条約が効力を発生しているすべての加盟国は、児童労働の効果的な撲滅を確実にするための国内政策を追求し、且つ雇用、或いは就業の最低年齢を年少者の身体、及び精神の申し分のない発達が達成されるレベルまで漸進的に引き上げる義務を負う」

ここで詳しくは立ち入らないが、一般的な雇用最低年齢は義務教育終了年齢よりも低くてはならないこと、いずれにせよ十五歳以下であってはならないこと、危険な労働に関しては十八歳に引き上げなければならないことだけを指摘しておこう。条約一三八号は子どもたちが有給であろうと無給であろうとすべての活動分野に適用される。各国、各地方の状況を考慮して例外および特例規定が設けられているが、それは条約一三八号の目的が理想の国内法制を希求することにあるのではなく、国の経済的な発展がどうであれ、社会を児童労働の撲滅に向けて動き出させることにあるために弾力性をもたせてあるからである。

この規範を求める活動のほかに、条約勧告適用専門家委員会の年次報告と、各加盟国が条約を批准し、国内法制を整え、必要な措置を実施し、とりわけ労働監察業務を設定し、改良するための技術的支援活動がある。こうして例えば、つい最近では一九九三年、児童労働専門官育成ガイドが労働監察官のために作成された【原注9】。一九九二年には児童労働に専門に取り組む国際的規模の唯一の実施計画である「児童労働撲滅国際計画（ＩＰＥＣ《アイペック》）」が開始された。また児童労働のなかでももっとも容認しがたい形態の労働をただちに禁止する新たな条約が現在準備されており、一九九九年には採択される【訳注1】。

ＩＬＯの活動はもとよりＩＬＯの公式声明が、児童労働は最大の関心事の一つであったし、今もそうであることを示してきたことは誰もが認めるところである。その他の国連関連機関や民間組織とは異なり、ＩＬＯの特異性の一つは常に労働問題全体のなかの児童労働のさまざまなパラメータを、しかも労働者の基本的な諸権利に堅く結びつかせて提示していることである。

これらの国際的な規範が、子どもたちと労働との関係に対する国際社会の希望の大枠を描いている。しかし、それでもこれらの規範を、本書を開くと出会うザファールやバリュ、ラディカ、サイード、ジョアオたちのまなざし《スー・ル・ルガール》を浴びながら考察すると、希望というよりはユートピアか夢を追っているのではないかとの想いに駆られる。現実はそれほどまでに違ってしまっているので、清らかであってほしいこの国際的規範の世界と、今日の働く子どもたちがその足跡を残す地上の道とのあいだに果たしてつながりを見いだせるだろうかと自問するのは無理なことではないだろう。だが、この溝を埋める役割を果たすのが国内法制である、しかし、それは可能なのだろうか。

国内法制

各国に労働法が現にあり、子どもや年少者の就労に関するさまざまな規定もあること、しかもじつによく練り上げられた労働法さえあることも明確にしておきたい。第三世界の国々を今日なお、辿るべき道すじの見えない砂漠とみなしている人々がいるのは残念である。これらの法制は地域の社会的、文化的、経済的状況、とくに国の政治の歴史によって細部においては異なっていても、ＩＬＯの条約と勧告の反映がその骨格を成している。このことは改めて指摘するまでもないが、実際、ＩＬＯの活動に価値を与え、その成果を長期にわたって観察できるのもこのおかげである。これは非常に重要なことである。

経済のグローバル化というテーマがしばらく前からメディアの話題を独占しているが、資本のために労働の搾取が全世界的な規模でおこなわれていると言われだしたのは今に始まったことではない。スミスも、リカードも、マルクスも以前から指摘していたことで、大学の講義を受けなくても労働者

IPEC《アイペック》
児童労働撲滅国際計画

国際計画の目的は児童労働の漸進的な撲滅に寄与することであり、そのためにこの問題に取り組む各国の能力を高め、児童労働と闘うための運動を世界的規模で創り出すことである。

優先する対象グループは奴隷労働についている子どもたち、危険な条件または危険な分野で働く子どもたち、ことに脆《もろ》い、すなわち12歳未満の子どもと少女である。

アイペックは、使用者団体、労働者団体、およびNGO、大学、メディアなどのあらゆる市民団体と協力して、児童労働の搾取に反対して闘う各国政府の政治的意欲と参加にあらゆる活動の基礎をおく。アイペックの支援は、児童労働を予防し、子どもたちにいくつもの代案を示すことで危険な労働から免れさせ、さらにはこの搾取の形態が全体として撲滅されるまでは、子どもたちの労働条件を改善するための措置を構想し、適用するためにおこなわれる。

児童労働撲滅国際計画は1992年に6か国で開始された。以来、国際計画は約50か国、900近い行動計画にまで発展した。この国際計画は13の拠出国から財政支援を受けている。

の運動が絶えず国際的な闘いの必要性とその価値を呼びかけているのを耳にすることができる。たとえ、いくつかの強大国が法治国家の基礎をなす要件をすべて整えているとしても、労働法制の整備やその適用が示す最小限のものを定めるためにすら強力で独立した技術支援を必要としている世界の大半の国々はその事情をまったく異にしている。ＩＬＯはこのもっとも重要なかけがえのない役割を果たしてきたし、今も果たしている。児童労働のきわめて限定された領域だけを見ても、もしＩＬＯが働く人々を保護するための堤防を構築していなければ、この二十世紀に資本主義の力の奔流はいったいどこまで突っ走ったことだろうか。

それはさておき、さきほどの溝を埋めるためには十分だったのだろうか。言葉を換えれば、いま現にある法制は、児童労働に関して国際社会が表明している希望を含めたすぐ先の現実に、つまりこの二、三十年後の現実に適切なものなのだろうか。国際会議や主要国会議が二〇〇〇年の到来は待ってはくれないなどと声高に告げようとも、それを疑ってみる権利はわたしたちにある。

第三世界の大多数をなす旧植民地（忘れてはならない！）における労働法制定の歴史は今なお論述するに値する。しかし、立法の用語で、植民地権力によって強制されたものと労働者の闘いの果実であるものとを確認しようとするのは時期尚早である。「土着」民と「本国」民との平等な権利を求める労働組合の要求は、資本と労働の対立が事実上植民者と被植民者の対立に混ざりあい、独立闘争の不可欠な一部をなしていたからだ【原注10】。このような歴史の文脈のなかで児童労働が特別に人の注意を引くことは期待すべくもなかった。それでも、労働法制は反植民地闘争の焦点であったし、それゆえ現在のＧ７（先進7か国）を形成している旧植民地権力の支配に抵抗するなかで焦点として残る恐れは大いにあるという認識は今も生きている。ここ数年来、児童労働に関する立法措置が、国際貿易協定に組み入れる社会条項の対象となる以前のように、ますますよく引きあいにだされるのは注目に値する。

世界のどの国においても、児童労働に関する法律の実効性をみるとき、もっとも重大な困難は、これらの法律が、子どもたちが実際に働いている、つまり家事労働、家内労働、家庭奉仕、商売の手伝い、農業、家族企業、あらゆる分野の職人企業（働き手が十人未満）などの部門や企業を事実上対象としていないことである。だが、このことは法律がなんの役にも立たないということを意味しない。むしろ法律が適用される中・大企業や工業、鉱山、建設、運輸、海運、港湾業などの分野では、労働者組織が発達しているので（この重要なテーマについてはもっと後で取り上げる）、企業の指導者たちが子どもたちの雇用はあまり儲からないと思っていたり、雇用者たちが労働監察なんて形だけだからと、たんに法律を無視しているだけなのである。

これが実際の状況である。この問題について意見をまとめるのに、世界の果てまで行く必要はない。わたしたちのまわり、ヨーロッパを、フランスを見てみよう。フランスは現代の強大国の一つである。社会組織が必要とするものを満たすのに十分に豊かな国である。しかし、どんな状況だろうか。労働監察官の数は足りない、とりわけ行政上の仕事が多すぎる、実行のための予算が不足している、労働監察官の任務がくるくる変わる、などである。フランスでは約百五十万の私企業に対して、五百三十二人の監察官と八百十三人の監視官しかいない。自らも労働監察官であるジェラール・フィロッシュはこう疑問を投げかけている。「なぜ労働監察の任務につく者の定数はかくも少ないのか。なぜこの公権力には就労の権利を保護する法令を改正するための予算はおろか、法令を適用させるための予算までも与えられていないのか。一八九二年、百年以上前に創設された労働監察制度は、数十人の監察官で始まったが、比率で言えば二十一世紀の前夜にしてほとんどなくなったに等しい」【原注11】。

これがフランスの状況であるとしたら、労働監察の堅固な組織も長い伝統ももたない第三世界の国々についてはは何と言ったらいいのだろう。これらの国々はすべてを作り出さなければならない、つまり時間も資金も必要だ。しかし、これらの国々は労働監察制度の現状を維持するだけの最小限の予算を計上することすらできない。ことに福祉関連予算の大幅な削減を強要する「構造調整プログラム」の圧力を受けている国々はそうである。監察官の労働条件は想像をこえるひどいところがあり、たんにうわべだけ整えているだけではないか、国際条約に定められていて制度をなくしてしまえば混乱するだろうから制度を置いているだけではないかとも思える。

数か月前、わたしはタンザニアのダルエスサラームで大農場《プランテーション》における児童労働のセミナーに出席していた。会議の合間に、たまたま広大な大農場の所有者とその大農場を管轄区域とする労働監察官とビールを飲む機会があった。遠くに点在する大農場を訪れるための移動方法に話が及ぶと、監察官はわたしに向かってこう言った。「わたしはモーターバイクがあるから泣き言など言えませんが、わたしと同じように広い区域を受け持っている仲間たちはせめて自転車でもあれば、って言ってます」。そのとき大農場の所有者が笑いながら、語気を強めて言った。「忘れているのかね、君のモーターバイクは六か月前から故障しているじゃないか、修理する予算がないって言っていたじゃないか」。そしてグラスを持ち上げながら、「そうだ、ジュネーヴから来てくださった我らの友人を祝して、君にプレゼントをしよう。もし君がわたしの農場に来て児童労働の調査をしたくなったら、言ってくれないかね、車を一台とどけよう」。第三世界の労働監察の現状を表わすのに、これ以上のものはないだろう。夢想にふけるのはやめよう。たとえ堅固な労働監察制度を作ろうという政治的意欲が多くの政府にあっても（各国がそうであるわけではないが）、児童労働の統制に持てる力を集中することは、そんな国々に〝お月様をとって〟とお願いするようなものだ。社会正義の実現に向かって前進するための他の優先課題の解決を迫る現実がある。

児童労働法制が現にあるということは、それが適用されるかされないかにかかわらず、もう一つの問題を発生させる。一般に、児童労働は禁じられている。それゆえ法に照らせば、働く子どもたちはそもそも存在しない。このことは、骨も身もあり立派に存在している働く子どもたちに直接重大な結果をもたらす。第一に、非合法の存在になる子どもたちが出る。つまり働く子どもたちを好きなように搾取する雇用者たちに思うままに扱われ、親たちも子どもたちも公然と窮状を訴えても何の利益もない、そんなことをすればクビになるだけの子どもたちが出る。第二に、法の網をかいくぐって働いている子どもたちの大半はそれゆえ法の外にあるわけで、当然にも警告、罰金、警察の取締り政策の、さらには呆《あき》れたことに投獄の対象にさえなる。少なくとも、子どもたちは既成秩序の枠のなかで目立たないように終始、警戒していなくてはならないとだけは言える。第三に、お役人言葉で言えば、働く子どもたちは目に見えないのだから、あらゆる保護対策の埒外にあって、子どもたちを支援しようとする行動計画の恩恵に浴せない。さまざまな政府機関があらゆる種類のカテゴリーに当てはまる子どもたちに係わっているが、小学生、非行少年少女、障害のある子どもたちはいても、勤労児童はいないのだ。

一九九二年に考案されたＩＬＯ国際労働事務局の新たな方法論を駆使しているごく一部の国を除いては、統計をつかさどる者たちが笑いを誘うような区分をすることがよくあるが、それは暗示的でもある。例えば子どもたちをこんな風に区分する。活動中の子ども（通常十四歳から十九歳、例外的に十歳から十九歳）と小学生と「何もしていない」子ども（そう、英語で言えば〝idle《アイドル》〟）。これでは名前こそないが大衆経済で働く子どもたちをそっくり包む雑嚢《ナップザック》だ。失業に関する統計に失業児童や求職児童についての記述がまったくないことは言うまでもないだろう。内務省ならば、「浮浪者、非行者、盗人……」といった極端な専門用語を使うだろう。では、資料に「働く子どもたち」なる表現が現れるや、痙攣《けいれん》でも起こし、できるかぎり速やかに別の表記、「仕事に就いている子どもたち、労働で搾取される子どもたち、経済的に活動している子どもたち、活動中の子ども人口、子どもの働き手、子どもたちの労働」などに置き換えるあの多くの官僚や専門家たちについては何と言おうか。それはフランス語を話す世界だけに特有のことではない。英語の「チャイルド・ワーカー」でもスペイン語の「ニノス・トラバヤドレス」でも同様の反応がある。

要するに、働く子どもたちが存在しないのは、子どもたちが存在できないからではなく、各国の憲法や法令により布告されていないからだ。政府当局は、こと働く子どもたちに関するかぎり、生まれながらにして目が見えない。

ところが子どもは、生まれたときから家族生活において自分をある権威つまり両親から独立していると思い込んでいたのに、少しずつ、とくに仕事に就くことによって、両親の上にはもう一つ別のもっと大きな拘束力をもった権威、子どもにはなんと名付けたらいいかわからないが、まさに「既成の秩序」であり、わたしたちが国家と呼ぶものがあることに気づく。と同時に子どもは、このより上位の権威の活動は自分を暮らし慣れた生活の枠から引き出し、小学校か企業という別の枠に移し換えてしまうことに気づく。もし、なんらかの理由で小学校の受け入れがうまくゆかないと、子どもは上位の権威は自分にはなんの代替教育《オルタナティブ》も提供してくれない、まるで自分はもともと存在しなかったかのようだと思い知る。こうして、ときに子どもは街角か空き地にうずたかく積まれた廃棄物のように取り残される。あまり大量でなく、環境を汚染するのでもなければ、市の道路管理課の出動を促すことはない。近隣の住民たちが余計な口出しさえしなければだが……。ここに、普通の人々が働く子どもたちに投げかけるまなざし《ルガール》の問題が発生する。

【訳注】

1　ＩＬＯは児童労働のなかでも、もっとも容認しがたい形態の児童労働について検討をつづけてきた。一九九八年のＩＬＯ第八十六回総会は児童労働を議題として取り上げ（第一次討議）、「最悪の形態の児童労働の禁止並びに即時廃絶」に関する新条約と勧告の採択をめざした。一九九九年の第八十七回総会は第二次討議を経て、「最悪の形態の児童労働の禁止及び廃絶のための即時行動に関する条約」（第一八二号）と勧告（第一九〇号）を全会一致で採択した。詳しくは「あとがき」で触れるが、その最終目的地をジュネーヴとした「児童労働に反対するグローバル・マーチ（世界行進）」は一九九八年六月のＩＬＯ総会に向け、国際社会の世論をさらに盛り上げることを目的として行われた。

第七章　普通の人々

一目したところ、働く子どもたちに対する普通の人々の態度は各種の政府機関の態度に似ている。普通の人々にとって働く子どもたちは、児童労働は存在してはならないので、存在しない。しかし現実はもっと複雑だ。まず、さまざまな民間組織やＮＧＯ（非政府組織）と一般に呼ばれる団体を通して活動している人々を分けて考える必要がある。さらには働く子どもたちと直接的な接触をもつ人々の意見と直接には関係しない人々が抱く考えとを区別しなければならない。こうすることによって、わたしたちは各種メディアと働く子どもたち、さらには部分的には働く子どもたちとつながっている新たな闘争形態とのあいだにある関係を検討することができる。

非営利社団グループ

世界的なレベルでは、二十世紀でもっとも興味深い社会現象の一つは、一般にＮＧＯと略称される非営利社団グループがいろいろな団体の運動のなかで確かな地位を占めたことだとわたしは思っている。

公正を期するために、わたしたちの考察の大枠をなす労働界に限って言うとしても、ＮＧＯの存在とそのかけがえのない役割の認知という、ＩＬＯ国際労働事務局によってもたらされた「革命」を忘れてはならない。それはＩＬＯがその構成においてはＮＧＯが各国政府と対等の力をもつように形成されているからである。しかし、今世紀初頭のＩＬＯ創設のころは非政府の団体の筋の通った経験といえば、労働組合か使用者団体ぐらいであった。それゆえ政府、労働者、使用者の三者の代表からなる組織構造が生まれた。こうして、労働界においていかに意義深いことであっても三者の合意なしに一方的には物事が決まらないという、あの「幸せな不可能性」はＩＬＯの生来の性格となった【訳注1】。それはＩＬＯメンバーの遺伝子に書き込まれていると言いたいほどだ。もっとも、ＩＬＯが国際社会に、そしてなによりも働く人々にもたらしている数々の恩恵についてはいまさら述べる必要はあるまい。

それはともかく、市民社会や実際のところＩＬＯの内部においても、今日ＮＧＯについて語るとき、労働組合や使用者団体を参考にしたりはしない。何人かがある目的をもったグループを形成し、法人格をもつようにこのグループを行政に認知させた非営利の民間団体の新たな発展が論じられている。ＮＧＯは世界中に多数ある。ある地方の一時的な活動のための短命なＮＧＯもあれば、政府といえども無視できない、常に多くの国々でその活動能力を示している国際的な規模の巨大な力をもったＮＧＯもある。力のあるＮＧＯは大惨事や戦争の際にいつも登場し、政府に代わって行動し、最近の国際会議や首脳会談で示されているように各国の指導者たちに圧力をかけるまでになっている。それでも労働者としての子どもたちに特定的に係わるＮＧＯ、つまり労働者としての側面も含めた子どもたちの完全な発達を促進し、子どもたちを教育して使用者に労働者としての権利を尊重させ、あるいは組織されたやり方で労働運動に参加できるように支援するＮＧＯの実施計画や援助活動はまだまだ数が少ない。それはそれとして、ここ数年、働く子どもたちのための支援活動を表明するＮＧＯの数は非常に増えているが、それは児童労働という攻め口がすぐれた「ビジネス」になり、資金援助者は、もともとは国連関連機関よりは民間部門にこの問題を担ってほしいと思っていた世界銀行をも含めて、この市場《しじょう》に殺到しているからだ。

わたしは先に「子どもたち、親たち、雇用者の戦略」の章でクンダプール宣言に触れ、自分たちの活動を働く子どもたちの同伴行為と理解し、子どもたちが労働において、あるいは労働を離れたところでぶつかるさまざまな問題に取り組んでいるいくつかのＮＧＯの活動について述べた。この子どもたちに同伴するという革命的なアプローチは、ここ二十年ほどのあいだに基本的には南米・ペルーのリマ、アフリカ・セネガルのダカール、南アジア・インドのバンガロールという三つの源を中心に発展している。少しずつ三つの発光点のあいだの絆が強まり、ようやくクンダプールでの国際会合や、働く子どもや年少者たちの国際的な運動のための連絡調整機関の設置を生んだ。

ＮＧＯという大海の一滴にすぎないこの経験とは別に、働く子どもたちに関する活動計画に支配的な二つのアプローチがある。その概略はＮＧＯや、ユニセフ（国連児童基金）やＩＬＯのようなこの分野での国際的な活動組織に共通するアプローチでもある。

一つのアプローチは緊急戦略と呼べるものである。労働を一つの大惨事と考え、疫病や飢饉、大地震のように捉える。それゆえ、できるかぎり速やかに子どもを保護しようとする。なんとしても子どもを労働から引き離そうとする、つまり大方は子どもを学校制度、なんらかの公的な制度あるいは学校外教育《ノン・フォーマル・スクール》、基礎教育、代替教育《オルタナティブ》などと呼ぶものにはめ込め、あるいははめ戻そうとする。直接子どもを一番近い小学校に入れ、学費を出してやるか、そうでなければ特別な教育センターを設置する。

もう一つのアプローチは人道援助と呼べよう。その活動はとりわけ健康、衛生、栄養、余暇、文化など子どもの生活面に集中される。そして子どもをとりまく状況の可能なかぎりの改善を図ろうとする。子どもは仕事に就いたままであるが、労働者としてのそのアイデンティティは事実上否定されている。

誤解しないでいただきたいが、わたしはここでこれらのアプローチの効果に審判を下そうとは思っていない。たとえその問題には向き合ってみなければならないとしてもである。わたしの目的は、働く子どもたちにそそがれるさまざまな社会的行為者【役割システムにおける行為者】のまなざしはどのようなものであるかを把握することである。意識しているかどうかは別にして、行動の根っこにあるのがこのまなざしであるからだ。ところが人の視線と現実とのあいだにはあるフィルター装置が働いていると言わざるをえない。個々人としてはこの現実の特別な様相をひき立たせる役目を果たしていても、集団となるとこの装置のせいで現実の全体像が見えなくなってしまう。

要するに、あらゆる種類の労働で搾取される不幸な子どもたちは大勢いるのに、働く子どもたちは実在しないのだ。これは、言うまでもない自明な真実にもたれかかる精神構造に、すなわち、どんな子どもであろうとも労働からは離れていなければならない、なぜなら労働は子どもにとって有害で危険であるからだという考えに囚われているからだ。このような見方が、分析され、明確に示されることのない真実として、議論の対象とされることもない揺るぎない真実として受け入れられている。子どもは子どものままで、つまり基本的に発育途上の存在でいられるが、と同時に子どもは働く人でもいられる、つまり社会の経済活動に組み込まれ、働く人としてこの社会の構成に加わることもできる、このことを受け入れることは矛盾のように見える。おそらく矛盾なのだろう、しかしこの矛盾を解き明かし、この矛盾を解決するさまざまな方法を研究する必要があるのではないだろうか。だが、現実はそのように動いていない。実際は、歯車装置に指をはさまれ、もはや制御不能な冒険の世界に引きずりこまれてしまうのが怖いのだ。

このように態度があまりに頑なであるために、子どもたちの置かれている状況を改善しようと懸命になっている世界の多くの団体の活動を阻害し、ときにマヒさせてしまうことになる。

そんな一例が、『児童労働に反対するグローバル・マーチ（世界行進）』の準備中に発生した。児童労働問題に対する各国の世論を盛り上げ、それによって各国政府に圧力をかけるための世界的な規模の行進をおこなおうという計画を、一九九六年にNGOのグループが立案した。一九九八年六月には児童労働のもっとも容認しがたい形態の労働に関するILOの新条約案が討議されるので、世界各地を出発した行進参加者がこれに合わせてジュネーヴに結集すれば絶好のチャンスとなる。こうすればより多くの国々の世論を喚起でき、各国政府当局者もジュネーヴでのILO総会の討議に際して強烈なスポットライトを浴びることを強く意識するだろうというわけだ。わたしはＮＧＯ内部の、どこにでもあるような主導権争いには係わらないでいたが、それは内部分裂の火種となった。グローバル・マーチの目的をめぐるＮＧＯ間の分裂は、『児童労働に反対するグローバル・マーチ』とするか『児童労働の搾取に反対するグローバル・マーチ』とするか、運動の名称をめぐる分裂という明確な形をとって現れた。このとき英語を使用している団体は、厳しい労働条件と労働による搾取を表わす「レイバー（労働）」を用いることで、うまい具合にうわべだけ妥協にこぎつけた。しかしフランス語やスペイン語を使用している団体にこのような逃げ道はなかった。最終的には、短い方の「児童労働に反対する」に決まったが、サブタイトルとして「搾取から教育へ」が加えられた。それでも、誤解からグローバル・マーチに加わらなかった団体もあった。

世論

ＮＧＯとは世論を盛り上げる運動の結晶体にほかならないが（最近ではダイアナ基金《レディ・ディ》の誕生に大きく関与した諸条件がその典型だが）、普通、ＮＧＯと世論には一般に共通した態度が見られる。その一方で世論、各団体の活動家たち、それらの団体から流されメディアに受け継がれる情報、さらには世論と政府の態度との関係、これらの間には対立と緊張がある。ところで、子どもの領域においてこの時代の特筆すべき出来事は、なんと言っても『国連子どもの権利条約』の採択であることは否《いな》むべくもない。子どもの権利条約の土台となっている子どもの概念と社会での子どもの位置付けは、全世界の人々にとって真の一大転換である。地震にたとえるなら、その震央は条約の第3条にある。

第3条　1　児童に関するすべての措置をとるに当たっては、公的若しくは私的な社会福祉施設、裁判所、行政当局又は立法機関のいずれによっておこなわれるものであっても、児童の最善の利益が主として考慮されるものとする。

【日本政府訳】

わたしたちに要請されているのは新たな社会生活様式である。もし、二世紀たった今もなお一七八九年の『人権宣言』の果実がまだ十分に収穫し尽くされていないのなら、わたしたちの社会で『子どもの権利条約』が謳っているあらゆる約束を子どもたちへ果たすのに何世紀を要するのだろうか。意識の覚醒は常に進むものである。しかし、条約の精神がわたしたち一人ひとりの意識のもっとも遅れた一画に届くにはほど遠いし、ましてや人類全体によって受けとめられてもいない。それはわたしたちのまわり、自分の家族、わたしたちの町や村に、わたしたちの施設にほんの少し目をやれば、現実はどれほどかけ離れているかを知るには十分だ。では、経済生活や国際政治生活の基本政策を見たとき、何と言えばいいのだろう。例えば、アフリカの重債務国の構造調整政策やCFA（アフリカ財政金融共同体）フラン【訳注2】の切下げに対して下さなければならない判断について、アフリカの子どもたちの「最善の利益」という観点から分析しながら、考えてみよう。子どもの利益、すなわち共同体のなかでもっとも小さく、もっとも脆弱なメンバーの利益を判断基準にすることは、習慣から社会構造、言語様式、思考方法までをひっくり返すことになる。もっとも強き者たちがもっとも弱き者たちを食い散らすジャングルの掟以外の何物でもないものを、あらゆる種類の哲学者と理論家が何千年にもわたって自然の法則としてわたしたちに提示してきたし、今日では「唯一無二の思想」として提示している。自分たちの秩序を決定的に確立するためにわたしたちの頭を空っぽにしようとする彼らの試みは、神の意志とか聖書の記述に助けを求めたものだ。だからこそ、子どもの権利条約は一個の革命である。

いま起きている意識の覚醒にはいくつもの要因が結びつきあっている。第一は共同体の共有財産、ましてや人類の共有財産は個人の財産の総和を超えているという認識である。子どもは、より正確には子どもたちは各家庭、各民族の富であるだけでなく、人類の富である。これはわたしたちはみな、この富を保護することによって互いに関係しあっていることを意味している。第二の要因は、子どもはやがては通常の身長に達するミニチュア化された大人としてたんに人類の未来であるだけではない、子どもは発達途上の存在である、つまりわたしたち大人が個人としてその開花を抑制できない可能性を子どもはもっている、だから共同体としてのアプローチが必要であるとの認識である。第三に、子どもは、まさに子ども自身がもっている富のゆえに、この富の管理に係わることすべてに子どもも自らまなざしを投げ、語り、参加する一定の権利をもっている。すなわち、子どもはともに歩むもの《パートナー》と見るべきである。この認識は、物乞いが木の椀を差し出したとき、手を財布にもってゆかせた、あるいは飢饉のビアフラに米袋を送らせたあの伝統的な同情の気持ちとはまったく別のものである。それはまた、「無垢の子ども」を前にしたときのあの恥の意識や労働による搾取などのあらゆる種類の虐待を無意識に断罪してしまう罪悪感ともまったく違う。それは大人も子どももともに、大人も子どももともにもっている富の開拓を司《つかさど》らねばならないという認識である。しかもその富の開拓は大人ではなく、なによりもまず子どもの利益となるように図られなければならない。それゆえ、わたしたちは、これとはまったく異なる世界の構築に関する政治的な（教育的でも人道的でもない）問題を提起しなければならなくなる。ただ、わたしたちの子どもが暮らすこの世界はもはや、そしてこの先も、ローマ人の野営地と隣り合わせているアステリュックス【訳注3】のゴール人の小村ではない。しかし地球全体はひとつになっている。わたしたちは児童労働をグローバル化（世界化）という枠のなかで見つめなければならない。

地球の住人は、児童労働の見方においては二つのカテゴリーに分かれているようだ。一つのグループは子どもを早くから仕事に就かせるのは止めさせるべきだと考える人々である。だから児童労働の撲滅のためにあらゆる方策を講じるべきだと、考え、そう発言し、文章にし、行動している。もう一つのグループは、子どもたちを働かせないでいることはできないので、働きつづけさせるべきだと考える人々である。

そして、どちらのグループももう一つ別の特徴をもっている。第一のグループには、もちろん例外はあるが、労働を介した子どもたちとの直接的な接触の機会をもたない、またもつ必要もないと思っている人々がいる。あなたであってもわたしであっても、いずれにせよわたしたちの子どもは小学校へ行く、もし仮に給料が低くて給食代が払えないとしても（本書の読者にそのような状況にある人はまずいないとわたしは思っているが）、わたしたちは子どもたちを働かせて勘定を払おうとはしない。

例えば状況を改善するために議員たちの手を借りようとする。第二のグループには、働く子どもたちの諸問題を解決するためには当の子どもたちの労働以外に手段を知らないので、働く子どもたちとの直接的な接触を保っている先に述べた人々がいる。

このどちらのグループに対しても価値判断を下さないでおこう。ここにはじっくり考えてみる材料があるとしておこう。ただなによりも、現実にそのように構築されているこの世界においては、経済的政治的権力の主要部分はこの第一のグループの手にあるばかりか、それらの権力は、第二のグループを形成する人々、社会集団、住人たちの意を踏みにじって、ますますこの第一のグループに集中させる傾向にあることだけははっきり言っておこう。

児童労働に対する意見と経済的政治的権力の所有とのあいだに相関関係は実際にあるのだろうか。世界の富を自由に動かす能力にも、地球の住人の態度と精神性にも少なからぬ重圧を加えている現代のグローバル化の流れのなかで、この問題をどのように取り扱ったらいいのだろうか。それはメディアの立場を詳しく検討することによって、この考察を一歩すすめることができる。

メディア

一九九五年四月十六日、イクバル・マシーはパキスタン、ラホールの郊外で銃撃によって暗殺された。イクバルは絨毯織りの作業場で奴隷として数年間働いていたところを、パキスタンの『隷属的労働者解放戦線』の活動によって自由の身となった少年である。それゆえに、乾季のあとの雨とともに花と緑の豊饒のときを迎えた草木のように、イクバルは両手いっぱいに人生を謳歌しはじめた。一日中、勉強に没頭した。奴隷としての沈黙の覆いの下に埋もれていた数年間、イクバルの心の内奥では何かが、本物の自由はね、なにものにも替えがたい〝話し、書く力〟をもたなくては自分のものにならないよ、と囁《ささや》きつづけていたからだ。それは古生物学者が数千年前の洞窟の落書きに人類最初の文字の試みを見るような、あるいは人骨の周囲に並べられた石の列に人類最初の儀式を見るような探索であったが、イクバルはそうとは知らずに、人間性を求める長い研鑽をつづけた。しかし言葉も、使わなければ、いったい何になろう。そこでイクバルは仲間たち、自分が数ルピーと引き換えに奴隷にされた年と同じくらいの年の子どもたち、自分と同じ絨毯織りの作業場で苛酷な労働に就くか、れんがを作るか、石を砕くかするしかない子どもたちに会って、何時間も話をした。つまりイクバルは、新たな家族とも言える『解放戦線』の、おそらくもっとも若い闘士の一人となった。一九九二年、債務奴隷禁止法がパキスタンで発布された。イクバルはまわりの仲間たち、親たち、友だちにこの新法を知らせ、説明した。何事にも賑やかなパキスタンのテレビやラジオ、新聞は、この新法にはまったく触れなかったので、イクバル一人が声を挙げる者となった。イクバルの声が小さいだけによけいに革命的な声だった。こうして何者かがイクバルに銃で沈黙を強いることを決定した【原注12】。

四月十六日のその日以来、パキスタン中から、そして世界中から何百万フランものお金がイクバルの死に寄せられた（何百万フランといえば、何百万人の働く子どもの日当に匹敵する……）。少年の暗殺には債務奴隷も、少年が解放戦線のメンバーだったことも無関係だと強引に主張する人々もいる。子どもの債務奴隷制が現にあり、制度の支持者たちはその権力を保持するためには殺しも厭《いと》わないと主張してイクバルの言説を受け継ごうとする人々もいる。

一九九五年六月一日。インドの首都、デリーの下町にあるＨＬＭ（低所得者向け集合住宅）に日が暮れた。建物の入口という入口には人が押しかけ、警官たちが逮捕状を手に、カイラシュ・サティヤルティの部屋のドアをたたく。カイラシュはＳＡＣＣＳ（『児童の債務奴隷に反対する南アジア連合』）の議長である。カイラシュはまったく合法的に、国内外の多数の組織の支援を受けてインドの絨毯製造における児童労働の搾取に反対するキャンペーンをくり広げてきた。その運動が絨毯が児童労働に頼ることなく製造されたことを保証するラベル（認証）を生んだ【ドイツ政府、消費者団体、ＳＡＣＣＳが一九九四年から共同で始めたラグマーク運動】。輸出業者はこのキャンペーンには、たとえその効果が世界市場のごく一部にしか届かないとしても非常に困った。五月、輸出業者の手下どもがＳＡＣＣＳの事務所に次々に押し入り、力で威嚇しながら、いくつかのメーカーの作業場には子どもはいないことを保証した議長の署名の入った証明書を作るように迫った。無駄だった。ＳＡＣＣＳの闘士たちが脅されて怯むようなことはない。そこで製造業者たちは次なる作戦を警察に頼ったというわけだ。六月一日、警官たちがまだアパートの入口にいるとき、ファックスがこの急報を世界中に伝えると、すぐさま行動が起こされた。この日ジュネーヴで会合を開いていた国連子どもの権利委員会のメンバーは、時差の関係もあって、即座にインド政府の当局者に書簡を送り、カイラシュ・サティヤルティの状況について懸念を表明することができた。こうしてカイラシュは法の保護の下に置かれた。

これらは、児童労働問題における通信手段の発達の意義と役割について少し時間を割いて考えてみるに値する出来事である。

デリーのカイラシュ・サティヤルティの隣人たちがその逮捕をまだ知らないうちに、その報はすでにジュネーヴ、東京、ワシントンに届き、支援活動を立ち上げていた。同様にイクバル少年の暗殺の一報も、地区警察署の前に運ばれた遺骸が家族に引き渡される前に、世界を駆け巡った。闘士たち一人ひとりは世界の連帯のネットワークが発揮する支援の力強さを知っている。とりわけネットワークが技術革新のおかげでリアルタイムで機能するときの素晴らしさを知っている。世界のメディアの反応に対する相手側の恐れは、地方の組織にとっては最後の頼みの綱であったりもする。それがなければ無慈悲に弾圧され、つぶされるしかなかった組織もある。この闘争手段の発達は死活問題なのである。

それはさておき、この通信の技術革新がもたらす別の一面、つまり通信の発達が児童労働問題のさらなる解決を次々に迫るというリスクについても考察しておく必要がある。

じつは、地方で主要な役割を担っている人々は、自分たちが取り組んでいる問題の解決にますます係わりが薄らいできている。子どもたちが事故の犠牲になったので行動に立ち上がろうとバンコクのある一画の住民たちが作業場のまわりに集まろうとした矢先に、企業のほうは何千キロも離れたどこかで、あっさりと撤退を決めてしまっていた……。また国際企業の下請けであるインドネシアの中小企業の労働者たちが働く子どもたちの労働条件の改善のために組織化に乗りだしたとき、地球のどこかからその地域責任者に関連中小企業への発注を止めるようにとの命令が下った。地方の活動家たちの「頭越しに」物事が決定されている。

貧しい国々の地方の現実やあらゆる社会の貧しい人々の生活に少しでも精通している活動家はみな、時間こそが貧しい人々に残された最後のもっとも貴重な富であることを知っている。雨が降るのを待つ時間、外国での契約がやっと終わった長男の帰還を待つ時間、連帯が形を整えるのを待つのと同じように収穫物が熟するのを待ち、一人ひとりがじっくり考え、問題について自分の考えを述べる時間である。村人たちの長談議やストライキ参加者たちの議論と、マッキントッシュのコンピュータの画面がパリの専門家に持ちかける「対話」とのあいだに共通点などあるのだろうか。実際、情報伝達における距離の消滅は、人の行為の人間的、共同体的な側面にとっては死活的な要素である、愛情をこめて熟考する時間を排除してしまう。

イメージはときにメッセージの中心とも唯一の支えともなるという事実は、決定を基本的に歪め、先ほどの地方組織の頭越しの決定の傾向を強める。イメージはその本来の性格から、現実を構成する要素を限りなく少なくし、細部を削り、現実を一個の細部で表わしてそのシンボルとしようとする。パキスタンの仕事場で鎖でつながれた子どもの写真は数千万人の働く子どもたちの生活を「定義」する【訳注4】。その子どもの奴隷としての条件がまったく例外であったとしても、そんなことはお構いなしだ。コロンビアの未成年の男の子の命は石炭トロッコに「鎖でつながれ」ており、サハラの砂漠地帯の小さな羊飼いの少年の長い行進は羊の群に「鎖でつながれ」ている。たった一つのイメージの流布によって、すべての働く子どもたちが奴隷として描かれる。

児童労働に反対する闘いや働く子どもたちを保護する闘いに移るとき、他者の問題の解決策を思い描き、それを押しつけてしまいがちなわたしたち西洋人は、ややもすれば地域社会の外で練った行動計画を、当の地域社会にはこの問題に対する自覚を高める時間も、提案された解決策を自分たちのものにする時間も与えずに、実行に移しかねない。往々にしてそのような解決策は、変えなければならないとされている状況を変革するものとはならない。

インドのビハールで絨毯織りの作業場で奴隷として働かされていた子どもたちの、家族のもとへの帰還計画を練っていたときのことだ。わたしはこのプロジェクトに参加している地域のメンバーと話していて、一種の怒りをこめた指摘を受けた。わたしの計画案は、企業の枠のなかでの隷属的労働は土地所有者への債務から発生する隷属的労働に比べれば子どもたちの解放の第一歩だと考える家族の戦略に反すると……。

しばらく前には、バングラデシュでは、紡績工場で働かされている子どもたちを救い出そうという大攻勢が国外からかけられていた。ところが、そんな工場にいたのはたいていが母親と一緒の少女たちで、少女たちにとっては工場での労働は町でも村でも圧倒的に強いマチスム（男性優位思想）からの解放の第一歩だったのだ。この計画は、もしそれが地域住民からもち上がったものだったら、果たしてこのようなものになっただろうか。

やはりニューヨークかブリュッセルかパリで下される決定は愚かなものなのだろうか。おそらく地域社会から見れば、そうだろう。しかし、「北」の財政・政治権力の側から見れば、けっしてそうではない。なぜなら「南」の富の恒常的な略奪システムを構築し、情報伝達の迅速性とイメージがもつ支配力を利用して、「南」の住民たちから地域社会をどの方向に、どのようなリズムで進化させるのかという選択をする能力を奪っているからだ。ＳＦの世界ならずとも、コンピュータの画面上に構成された映像が写真にとって代わり、各国の世論がその虚像を基に衝き動かされた「湾岸戦争」のような最近の国際的な経験を引きあいに出すまでもないだろう。いつの日か、子ども奴隷がぎっしり詰まった企業で、その企業かその国で生産された製品のボイコットを呼びかける子どもたちの映像まで現れるのだろうか。

児童労働に関する意見と経済的政治的権力の所有とのあいだにある相関関係という前述した問題は、けっして無意味な問題ではないことがこれでわかる。実際、メディアという道具の驚異的な進歩の主要な（独占的とは言わないが）受益者は、働く子どもたちの真っ只中に現にいて直接に関与している貧しい地域住民ではないことを忘れてはならない。メディアという道具を自由に使うのは権力をもった人たちである。さまざまなメディアがわたしたちの頭を児童労働に関する情報でいっぱいにしてくれても、それはわたしたちが働く子どもたちに出会ったことを意味しはしない。このような情報を基にして国際的な連帯の気持ちからわたしたちが行動に移ったとしても、それは当の住民たちとの、いわんや働く子どもたちとの対話を可能にする波長のうえに自動的に乗ったことを意味しない。緊急だとの口実で（「子どもは待てない」）、当の主役たちの心と精神に政策の実施に介入する時間を与えないことは、結局は本能が活動の原動力となるのを容認することである。たしかに本能があればこそそれぞれの種はジャングルで生き延びられるのだが、大きな獣たちを狩りに向かわせるのもこの本能である。

新たな闘争形態

情報伝達手段の発達と世論へのその影響はここ数年のうちに、社会条項、行動規範、保証ラベル、ボイコットなど市場論理や市場力学を利用した新たな闘争形態を生んだ。児童労働にたとえわずかでも興味をもっている人なら、消費者がこれこれの製品を買うか買わないかを決定する力を駆使して、製品の製造はおろか、その流通段階にも関与することを主要な特徴とするこれらの新たな戦略を必ず耳にしているはずである。この製品は製造には子どもの労力を借りていないから買おうという広告もあれば、子どもたちによって製造されているからこの製品はボイコットしようという組織的な呼びかけもある。国際貿易協定へ社会条項を組み込む問題は、GATT(関税および貿易に関する一般協定)の諸協定とWTO(世界貿易機構)の創設をめぐる議論のなかで持ち上がった。その社会条項の一つが児童労働の搾取に関するものである【訳注5】。ある製品の製造が児童労働に頼っていないことを認証するマークを付けようとのキャンペーンに参加しない者がわたしたちのなかにいるだろうか。一九九八年といえば、フランスでサッカーのワールドカップがおこなわれた年である。サッカーボール産業はその大半が児童労働の搾取に頼っている。そこで国際サッカー連盟(FIFA)が労働者の権利を尊重している製造者、とりわけ児童労働を利用していない製造者にしかFIFAのロゴマークの使用を認めなかったのは、このような圧力があってのことである【訳注6】。

新たな闘争形態については次のように分類できる。

（一）　児童労働の禁止などのいくつかの基本的規範を尊重した労働条件の下で生産されたことを保証する「ラベル（認証）」を製品につける【原注13】。ラベルは、インドの絨毯製造におけるラグマークのように組織だった活動を展開して製造の段階で関与する場合と、ＦＩＦＡのロゴマークの入ったサッカーボールのように、製品にラベルを貼ることを認めることによってその名声にものを言わせて消費の段階で関与する場合がある。

（二）　「行動規範」の導入。企業経営者に、工場の労力の管理に適用する規則や下請け業者の製造条件などのいくつかの原則を取り決めさせる。これらの原則は一般に、児童労働の禁止などＩＬＯ（国際労働機関）の基本的な規範に関するものである。「マイナス広告《ネガティブ》」キャンペーンのような圧力の下では、アメリカ企業に対してはこの種の戦略が実に効果的だった。ヨーロッパでくり広げられているキャンペーン「君の服に自由を！」は企業に行動規範の作成を迫っている。

（三）　製品の「ボイコットの脅威」をキャンペーンする。ある製品、またはある企業がボイコットの的となると、消費者にその製品やそのメーカーの製品を買わないように呼びかける。一例としては、アメリカでおこなわれたバングラデシュの織物製品のボイコットの呼びかけがある。

（四）　「手紙キャンペーン」は、いくつかの組織が企業あるいはある限られた分野の権威に対して書簡を送る作戦である。例えば、労働組合のリーダーたちの裁判の進行にほとんど信頼が置けないとき、裁判所に対して手紙キャンペーンをおこなう。この種の圧力の効果は、消費者としての力にたよるのではなく、権威や企業にとってその公のイメージが帯びる重要性にある。組合の組織化の問題や労働条件の問題で、よく見られる作戦である。この種の活動はフランスでは「連帯の網《レゾー・ソリダリテ》」の例がある。

（五）　欧州共同体（EC）【ECは一九九三年十一月一日より欧州連合（EU）となっている】内のいくつかの政府は、開発途上国の製品の輸出などに特別に優遇した関税を供与する「一般特恵関税制度」を採用している。この闘争形態では、集団をなした人々による行動ではなく、たとえそれが圧力団体によって導き出される決定であるとしても、ある政府からある政府への政治的圧力（最恵国待遇供与の取り消し）を利用する。

（六）「代替交易《オルタナティブ》」を通した活動についても述べておこう。これは基本的には闘争とは別のもののように見える。この取り組みの精神がボイコットなどの威嚇を背景にして製造者に圧力を加えることではなく、いくつかの規範を尊重している製造者たちの製品を買い上げて支援することにあるからである。このアプローチは販売政策を基にしていて、関係する働く人々の状況の評価基準としても参照されるので、右に述べたような闘争形態と連携しておこなわれる。ヨーロッパでは『マックス・ハベラール』、『世界の職人たち《アルティザン・デュ・モンド》』などの例が知られている。

わたしはここでこれらの闘争形態の評価を試みるつもりはない。始まって間もない、あまりに複雑なテーマを含む闘争形態であるからだ。それに、つい最近この問題を扱った、わたしと見解を同じくする研究が出版された。その二冊は『「南」と「北」──労働の尊厳のための新たな協調』、『グローバル化と社会法』【原注14】である。それはともかく、これらの新たなアプローチについて働く子どもたちとわたしたちとの関係にからめて、若干述べておかなくてはならないことがある。

第一の留意すべき点は、「児童労働」問題がこれらの闘争形態の中心に据えられておらず、コマーシャル（広告）の形であればやむを得ない面もあるが、もっとも多く語られているのはただたんに「子どもたち」についてであるという事実である。本当は、組合加入、非加入の自由、団結権、団体交渉権、強制労働と児童労働の禁止などを規定したＩＬＯ諸条約に実際に盛り込まれている基本的な社会規範に関わる活動こそが肝要なのである。こうして子どもたちを一つの全体のなかに位置付けること、つまり児童労働を労働運動に結びつけて長い見通しのなかに置くことが、もっとも重要な要因である。働く子どもたちは一つの道程《みちのり》の上に立っている。もっとも低い地点が、その背後にはもはや人間性のかけらもない引くに引けない地点、つまり強制労働である。到達目標地点は集団による交渉、つまり働く人々が十分に力強く、しっかり組織されていて、自分たちに関わる問題一切を雇用者と交渉できる、あの身分である。こう位置付けることによって児童労働は新たな次元を手にする。先に見たように、国連子どもの権利条約は政府やＮＧＯの活動に、児童労働の搾取を子どものあらゆる需要と権利に置き替え、子どもの完全な発達という見通しのなかに置き直すように促している。これらの新たな闘争形態はわたしたちを世界の経済的政治的構築にはめ込む。それゆえに、たとえこの児童労働の新たな次元を見いだすためのキャンペーンを闘っている人々を支援するためにすぎなくても、ここにこそ、身を粉にして働くべき場がある。なぜなら、これまでに取り組まれてこなかったものだからだ。それはこれらの新たな闘争形態のもつ漂流の危険性の一つを分析すればわかることだ。

その危険性とは、児童労働を少しばかり別格扱いし、基本となる規範を形成している別の要素よりも児童労働を重要視する傾向である。もちろん、世論の共感を得て、これらのキャンペーンへの参加者を多くしたい。だから、この目的のために子どもを前面に押し出すのはたやすい。しかし、それではあまり革命的とは思えないし、活動の正当性を納得してもらうためにもさして分析を必要としない。一通りの規範に触れているだけの、子どもたちに関することがより大きな活字で印刷されているだけの宣伝用の小冊子でも、じっくり眺めてみよう。企業の幹部たちと行動規範の作成について話し合っているとき、子どもたちだけに注目し、その他のささいなことにこだわらないなら、ことを進めるのはじつに簡単だ。テレビのコマーシャルや雑誌の広告で、ある製品が子どもたちの搾取を伴っていないと述べているのを見つけるのは容易だが、働く人々の諸権利を尊重していると述べているものはめったにない。ついでに言うと、嘘もあまりに大きければ、コマーシャルが期待とは逆の効果を消費者に与える危険性もあるようだ。ところが、この種の圧力の下に隠れているのが、子どもの労働者としての社会的地位に関するというべきところを、教育的人道的問題などとほのめかして、子どもの社会的地位に関する問題に焦点をずらしてしまう危険性である。

このため、当然にも、グローバル化の主要な焦点に対するこのようなアプローチの有効性ともう一つ別の世界の構築の有効性が問われることになる。しかし、わたしたちがここで目を向けるべきは、これらの新たな闘争形態の批評ではなく、これらの闘争形態が働く子どもたちの見方に当てる新たな光である。なによりも基礎となる態度は一方の脇に子どもを置き、もう一方の脇に働く人を置く一種の二分法を用いることであると改めて確認せねばならない。働く子どもたちに向けた行動計画に関わりをもつ人なら誰でも、行動計画の受益者たちからもその推進者たちからも受けるものすごい圧力を感じているはずである。例えば行動計画の恩恵を受けられる年齢を何歳までとするかという議論に現れる圧力である。十二歳までか、十五、あるいは十八歳までか。もし、あなた方の活動が子どもが労働組合のメンバーとなり、労働者の闘いにわけなく入っていかれるようになるまで働く子どもに同伴することだと表明しているなら、あるいはより「政治的に正しい」表現を好むのであれば、子どもが団体交渉の過程に完全に入り込むことができるまでとするなら、そのときあなた方は、良くてそれはあなた方の委任の範囲外だと言われ、最悪の場合子どもたちを引き回すことだと言われる。

次に留意すべき点は、できた製品の真正さを確かめ、消費者に規範は守られていると保証する手続きに入るとき、それが大人の労働者によるのか、働く子どもたちによるのかによって、異なった判断が下されるという事実である。子どもたちであれば、解決の兆しはすぐに見える。子どもたちは労働の場から放り出されるからだ。大人となると、そうはならない。そのまま仕事に就かせ、諸規範をある程度尊重するよう職場を指導する。この規範尊重の評価は（ここに注目しよう！）、働く子どもたちの参加を前提としない。働く子どもたちが消えてしまえば、それで十分だ。一方、大人の労働者は規範尊重の評価過程に参加していなければならない。多くの場合、自由に組合を組織できたかどうか、強制労働に就かされていなかったかどうかなど、有効な証言ができるのは大人の労働者だけだからである。それに大人の労働者の利益のために求められる変化が実現されるためには一定の時間がかかり、その実現は一歩々々しか進まないため、もし大人の労働者たちが望めば、この過程への大人の積極的な参加の機会が増すことは明らかである。しかし働く子どもたちにとっては、そうはならない。それゆえ、すべてはまるで大人たちだけが子どもたちにとって何がよいか理解でき、大人たちだけがそれを実現できるかのように推移する。関係する子どもたちの積極的な参加はアプリオリに（先験的に）

この過程にプラスをもたらさないとされるからだ。

労働組合組織が一つの国、一つの分野、あるいは一つの企業の労働者に関わるボイコットなり、圧力行動を呼びかける決定を下しても、そのようなイニシアティブが労働者の連帯の表現であって、引き回しの産物でない限りにおいては誰も文句を言えない。もし組合組織が誤りを犯したとしても、その損害を被るのは組合組織であるので、いずれにせよ労働運動は外部から思うように動かせない。反対に、新たな闘争形態のいくつかの争点のなかに児童労働を組み込むとすると、大人たちは大人たちの懸案事項を解決するために子どもたちのおかれている状況から引き起こされるさまざまな問題を利用してはいないか考えてみなければならない。もっとはっきり言えば、わたしは子どもたちがわたしたち大人の政策のための人質となってはいないか、児童労働は一つの口実に、大人のためのプロジェクトに奉仕する道具になってはいないかという問題を提起しなければならないと思っている。児童労働問題は、新たな闘争形態の戦術のすべてがそうであるように、グローバル化（世界化）の現象に結びついていることを忘れてはならない。わたしたちはこのグローバル化の枠のなかでこの問題の解答を探し求めなければならない。ところで、グローバル化の現象のもっとも顕著な特徴は、（多国籍企業、経済大国、G7諸国といった）強大国間の地球というパイのより大きな部分を独り占めするための闘争である。言い慣らされた表現を使えば、市場の分割を賭けた闘争である。競争相手をいかに踏みつぶし自らの地位を得るか、これだけが重要だ。このような全体のなかで、小さきものは無視しうる量であり、小さきものの観点などものの数に入らない。解決策に向けた小さきものの参加など、障害以外の何物でもない。狩人が獲物となる野鳥とどんなソースで食べてほしいかと相談している姿など、誰が見ただろうか。小さきものとは子どもであり、それはまた多国籍企業と向かい合うインドネシアの中小企業であり、大銀行と競合するトンチン年金【訳注7】の加入者、ブレトン・ウッズ体制【IMF（国際通貨基金）と世界銀行】とG7（先進7カ国）に挟まれた第三世界の国々でもあるので、このような働く子どもたちに対する見方はごく一般的な態度といえる。それゆえに、働く子どもたちの周縁化が（あるいはその反対に、働く子どもたちの参加が）新しい光の下に現れる。それが、もうひとつ別の世界の構築における争点である。

わたしはこの考察を、わたしに強く印象に残っていることを述べて終わろうと思う。働く子どもたちがいる実際の大地から、つまり第三世界の国々の農業に従事する家族や小企業から離れれば離れるほど、働く子どもたちとその家族の真実の状況はぼやけてしまう。そしてグローバル化を築く数々の戦略が練り上げられている「北」に着いたときには、問題は非常に一般化されてしまい、「働く子どもたち」よりは「児童の労働」についてしか語られなくなる。メディアの影響により、働く子どもたちの写真は、生きた人物を表現するよりも問題を象徴する一種のロゴとなる傾向にある。計画や政策への賛同を引き出すために示される論拠も、亡霊がわたしたちの工場や商店のまわりをうろつき、労働者に失業をもたらしたり、価格を押し上げたりしているような印象しか与えない。そうなると、児童労働はとらえようのない危険な幽霊となってしまう。もう少しすれば、ヨーロッパの国々がマーストリヒト条約の収斂基準を満たすのが困難であるのは、第三世界の国々がルールを守らず、世界貿易のテーブルに児童労働という偽のカードを切っているからだとわたしたちは信じ込まされることだろう。ユニセフ（国連児童基金）が児童労働問題を覆う誤った神話を見事に言い当て、『世界子供白書』

【原注15】に「打ち砕く必要がある」四つの銘句として掲げている。神話一、児童労働は貧しい世界だけのものである。神話二、貧困をなくさない限り児童労働はなくせない。神話三、児童労働は主として輸出産業でおこなわれる。神話四、児童労働を効果的に禁止する唯一の方法は、消費者や政府が制裁やボイコットを通じて圧力をかけることである。

この点で、働く子どもたちはわたしたちの現代世界の神話なのだろうか、客観的実在なのだろうか。その数は。どこで働いているのか。こうして統計学者の登場が必要となる。

【訳注】

1　ILO総会の本会議は条約や勧告の採択に三分の二以上の賛成を要する。

2　ベナン、ブルキナファソ、コート・ジボアール、マリ、ニジェール、セネガル、トーゴの7か国で構成する西アフリカ通貨連合（UMOA）の決済通貨。

3　古代ローマ人戦士に脅かされながら暮らすガリア人たちの生活を明るく描いたフランスの人気連続漫画。

4　一九九六年八月カトマンズで、首と足をカギつきの鎖でつながれていた十二歳のネパール少年が一年ぶりに救出された。少年は召使として雇われていたが、逃げないようにと主人の朝の出勤時から夕方まで毎日九時間、鎖につながれていた。

5　国際貿易の拡大が開発途上国においても社会的進歩を促し、環境の保全や働く人々の人権擁護を保証するルールを設けようとするのが、いわゆる「社会条項」問題である。

6　「児童労働に反対するグローバル・マーチ」で、フランス側統括責任者としてリヨンを訪れた著者は『リヨン・カピタル』紙（一九九八年五月二十一二十六日号）のインタビューに答えている。

リヨン・カピタル紙「ところで、革製のサッカーボールでパキスタンは世界市場の七〇％を占めていますが、基本的には子どもたちの手で縫われたものですね。ワールドカップ・フランス大会がおこなわれる月に、あなたが発したいメッセージは何でしょう」

ミシェル・ボネ「アディダスが製造し、フランスのスタジアムで使用されるプロ用のサッカーボールは子どもたちによって作られたものではありません。ミシェル・プラティニ実行委員長はつい最近もわたしにそう請け合ってくれました。反対に、スーパーマーケットなどで売られている一般向けのボールがパキスタンの子どもたちの手で縫われています。はっきりしています、値段の高くないサッカーボールが子どもたちの手で作られたものです。同様に、バングラデシュで作られているシューズやTシャツがあります。一ダース五フランで買ってきて、フランスで一つ一〇〇フランで売っています。これらの利益の何％かを働く子どもたちの支援に向けなくてはなりません。今年だけでもフランスに輸入されたサッカーボールは三十万個にのぼるのですから。何らかの税のシステムが必要なのですが、それがないのです」

7　ナポリ生まれの医師（銀行家ともいわれる）トンティがルイ十四世時代のフランス財政改善のために建策した。国庫に遊資を提供する者に対し、元利の支払いに代えて終身年金を与えるという、十七世紀以来ヨーロッパで広く行われている年金制度。

第八章　統計

　わたしたちが暮らす世界は、富がもはや量としてしか数えられない世界、行動計画が世界を動かす精神的価値よりも銀行口座との連帯に依存する世界である。もし本当に効果的でありたいと、活動家が被害者との連帯の大きな広がりを可能にしたいのなら、まずは被害者はいったい何人いるのか、という疑問に答えなければならない。この短い問いが実は、この問いが含むいくつかの焦点ゆえにやっかいなのである。それは根拠のある回答を見いだす方法に関係するがゆえに、この回答がもたらす教訓あるいは反応ゆえに、さらにはこの点が本章の目的からもっとも重要であるが、これらの教訓あるいは反応からその対象、ここでは働く子どもたちに対して導き出されるまなざしゆえに、じつにやっかいなのである。ではこの疑問のもつ三つの側面について現状を明らかにしよう。

焦点と手段

これまでにも各国はそれぞれ独自の方法で児童労働の分野での統計調査をおこなってきている。独自とは、次の二点を言っている。第一には各政府が調査をおこなうかおこなわないか、その結果を公表するかしないかを自由に決めていること。第二には各政府が調査を、目的においても手段においても自由におこなっていることである。このため児童労働をはじめ多くの分野に関わる正確さが問題になるが、このことからもわたしたちは現時点でもなぜ、世界の働く子どもたちの数についての信頼できる統計を得られないかが理解できよう。おおかたの政府はまじめな調査をおこなうことを拒否している。その理由は気が遠くなるほどにさまざまであるが、行き着くところは同じである。基礎的な資料がないのだ。調査のタイプ、その責任をもつ機関がどうであれ、ある政府が調査をおこなうと決定すると、それぞれが独自の方法論に基づいて調査をおこなう。その結果、得られたデータは互いに比較もできず、数値を合算することもできず、世界に共通する定数がまったく示されない。兎にも角にも、これが現実である。

ＩＬＯ国際労働事務局は何年も前から定期的に児童労働も含めた、世界の労働界の統計を集めた分厚い報告書を発表してきたではないか、と反論されるだろうか。だったら、わたしは問い返したい。働く子どもたちに関する記事を求めて年次報告書のページを何時間も繰ったことがおありだろうか、脚注のような形で数字も添えられた、小さな活字の注意書きも含めてじっくりと読まれたことがおありだろうか。そのとき参照記号に従ってページをめくっていけば、こちらには調査結果の数値が、あちらに世帯に関する調査が、そちらに企業に関する調査が見つかる。ところが調査を実施した日付を確かめると、調査が二十年以上にわたっておこなわれたことがわかる。世界の進化の速度を考えれば、二十年にわたる調査の数値を適切に寄せ集めるにはどうしても越えられない溝がある。また、ある国では子どもとは十~十四歳で、別の国では十九歳以下となっている。このような異質なデータを合算してみたところで、いったい何を示すことができるのだろう。

一九八二年、第十三回労働統計国際会議は労働統計の概念や定義を修正した。しかし、統計理論の基礎は必要であるとされても、実行に移されなければ、たいした意味をもつものにはならない。その十年後、ＩＬＯ国際労働事務局の専門官たちは、多くの国で児童労働に関するデータが相変わらずそれぞれの国の定義と分類法にしたがって集められ、分析され、流布されつづけているのを確証した。結果は？「欠けている、それどころか場合によっては大部分の国でデータがまったく存在しない」【原注16】。それでも児童労働問題が各国の世論のなかでますます大きな位置を占めるようになってきたここ二十年のあいだに、メディアによって定期的に、ＩＬＯ国際労働事務局が提供したものも含めて推計値が提示されるようになった。率直に言って、それらはどの程度の信憑性があるのだろうか。働く子どもたちの数は、一九七九年の『国際児童年』のときのＩＬＯ国際労働事務局の公式な推計値では約五千万人とされていたものが、一九九七年には約二億五千万人となったが、果たしてそれは働く子どもたちの数が増したからなのか、情報が増えたからなのか、問題は深刻であると公衆を納得させようとのより確固とした意志によるのか考えてみる余地はある。

じつはこの時期、ＮＧＯ（非政府組織）と呼ばれる民間団体が大挙して現地での取り組みを始めたことを見落としてはならない。ＮＧＯの存在それ自体が住民、ことに貧しい住民の窮乏に対する政府の怠慢を示しているが、ＮＧＯの貢献はそれだけにはとどまらなかった。ＮＧＯは窮乏のどん底にある住民たちの状況に、しかも年を追うごとにますます体系的で適切な方法で光を当て、特に子どもたちの労働の搾取を暴くことに貢献した。と同時に政府の公式統計の嘘を白日の下にさらけだした。この変化の重要性に留意しなければならない。インドとイギリスの二例を挙げよう。

インド、一九五一年、独立から間もないころ、解決すべき社会問題として債務による奴隷労働が世論の注目を集めた。そのとき疑問が一つ上がった。そのような労働者は本当にたくさんいるのか。これに答えるには若干の時間を要した（おかげで奴隷制度擁護者たちは罰せられることもなく搾取をつづけられた）。一九七六年になって、つまり二十五年かかって、債務隷属制度を廃止する法律が発布された。それでも年齢に関係なく隷属的労働者に係るものであって、子どもたちを考慮したものではなかった。

一九八一年、わたしはこの年を強調したいが、新たな地平をＮＧＯバンデュア・ムクティ・モルシャ（『隷属的労働者解放戦線』）が拓いた。この年、インディラ・ガンジー首相は国会で、インドには子ども奴隷が実在すると主張している民間の諸団体に怒りもあらわに反論した。このような虚偽は国家を辱めるものに他ならないと首相は言った。解放戦線は現地活動を通して奴隷状態にある数千人の子どもたちのリストを作成していた。リストは審理中の最高裁判所に提出され、首相は公式に発言を取り消した。

この物語はここで終わらなかった。ＮＧＯはこれらの子ども奴隷の解放のために戦いつづけなければならなかった。ジュネーヴでは毎年、国連の奴隷労働の今日的形態に関する作業部会が開かれていたので、NGOはまるでピンポン球を打ち合うようなこの儀式に参加できた。NGO諸団体の非難を浴びつづけたインド政府の代表団の返答は、要約すれば奴隷はそんなには多くはない、諸君の数値はまちがっているということだった。つまりは奴隷制度の犠牲者数の多寡によって行動に移るかどうか決めようとするばかりか、そのような調査を実行する手段をもつ機関は政府の他にはないというのに、その政府が調査をおこなうことを頑なに拒んでいたのだ。

政府機関にまったくやる気がないため、ようやくこの種の調査がある民間団体によっておこなわれたとき、奴隷労働かどうかの評価に政府の基準が用いられた。円環は閉じられた。元のままだ。制度は見事に護持された。

このようなやり方はどんな国でも見られる。ヨーロッパの、「わたしたちの身近なところ」、イギリスの例が明瞭に示している。イギリスでは児童労働はずいぶん以前に撲滅されたと思われていた。ところが六〇年代の終わり頃、いくつかの調査がこの災禍は息を吹き返しており、その一掃のために緊急に行動に移らねばならないことを明らかにした。一九七三年、議会は「雇用と児童一九七三年の法」を可決した。しかし、施行令は発布されなかった。年が替わり、政府が代わっても、歴代政府は仕事に就いている子どもの数が実際に非常に多く法律を施行に移す必要性がある、と証明されるのをただ待つばかりだった。一九九一年一月、「子どものための世界サミット」が開かれるという国際的な流れに押されて、「子どものための全国サミット」の席上、児童労働担当相ヴァージニア・ボットムリーは、働く子どもたちが実在する証拠が示されれば一九七三年の法の施行令を出すと約束した。この間にもイギリスの子どもたちは搾取されつづけていたが、それにもまして現状は法律を超えていた。だが、この挑戦に応じる者がいた。民間団体『低賃金部隊《ロー・ペイ・ユニット》』は調査をおこない、結果を公表し、政府に明快に答えた。二百万人の働く子どもたちがいる、これがあなた方が求めている証拠だ【原注17】。しかし市民団体がこのような豪奢を味わえる国は世界にそうあるものではない。

ＮＧＯが闘いの場に登場したことによる賑わいは、二つの結果を生んだ。働く子どもたちの推計値が（残念なことに政府の言説と同じぐらい信用できないものとはいえ）白日の下にさらされ、各種のメディアの発達のおかげで世界に広められた。そのうえ、ときにはまったく異なる目的や作業方法をもった団体の情報までもが混ざりこむことにもなった。統計学的な知識は深まらなかったが、それでも各国の世論は当然にも高まり、政府に対するなんらかの圧力となった。もう一つは、この圧力の下で各国政府は児童労働に関する情報を管理する手段をまじめに考える必要を感じるようになったことである。こうしてＩＬＯ国際労働事務局が前面に立って、希望する政府が児童労働の状況を科学的に把握できる方法論を練り上げ、世界的な規模でその姿を描くことが可能な基礎的数値を提供することになった。一九九二年、一つの方法論が考案され、一九九三年には翌年の地域間セミナーを目指して四カ国で試行され、一九九五年以来は各国政府が使用している。世界で初の統一基準である。しかし、祝いのシャンパンをたっぷり飲むのはまだ早い。

わたしたちはたんに仕事にとりかかる準備ができたにすぎない。未だ統計を手にしておらず、うまく行けばここ十年か二十年のうちに、各国政府が冒険をしてみようとするにつれて、世界的な推計値を引き出すのに十分な統計が得られるというだけだ。実際各国レベルでは、調査をし、データを分析する地域ごとの能力を整え、必要な資金を準備し、調査をするだけでなくその結果を公表するように政治的意思決定者を説き伏せるのに数年はかかる。あらゆる国が児童労働問題を最優先課題としているわけではない。世界的な広がりのなかで、働く子どもたちが増加傾向にあるのか減少傾向にあるのかを把握し、監視するための十分な全国的な基礎統計を得るにはかなりの年数を必要とする。

このような状況にいらだちを覚える人がいるとしても、これはやはり大変な利点、統計の問題がかかえる争点にもう少し光を当てる利点である。この論戦に挑まずに、別のやり方でわたしたちは児童労働問題を真剣にうけとめるようになるだろうか。わたしがここで「わたしたち」と言うのは、もちろん政府、この分野で活動しているNGOを含めた諸団体、大学の研究者、ジャーナリストをも含めているからである。わたしたちは家の中でさまざまな物音に囲まれながらも、どこかで漏れ落ちる水滴のうずくような連続音に次第にやっと気づきはじめたようだ。どこなんだろう。漏水箇所を見つけなければ……。被害がとても大きく、法外な額の請求書が回ってくることもありうる。働く子どもたちは現にそこにいる。これればかりは否定しようもない。だが、今のところ働く子どもたちの声はとても小さい。その水音、その叫び声が家を揺るがすほどになるのを待たずとも、わたしたちは家のまわりを一回りして、どうなっているのか、しっかりと確かめることはできる。

仕事にとりかかる準備ができているとは、わたしたちが今どんな状況にあるかをできるだけ正確に把握できるという意味である。建築家は建設予定地が砂地なのか岩場なのかを考える、ランナーは競技のまえにスタートラインをしっかりと確かめる。ＩＬＯ国際労働事務局の新たな統計法の試行に基づいておこなわれた分析はあくまで出発点のデータである。その集計結果が実態をよく映し出しているのは、一九九八年の状況の全体像を見せてくれるからだけではなく、わたしたちにはいま一つはっきりしないが、そこに示された数字は最小の数値であるからだ。世界の進行が逆向きになり、富の配分においてもっとも貧しい者たちに本来貧しい者たちに戻すべき取り分を実際に戻すようにならないかぎり、わたしたちは働く子どもたちの状況がますます深刻化し、その数が増加するのを傍見するばかりである。だからこそ、ＩＬＯ国際労働事務局の現在の数値を真剣に受けとめなければならない。それでもわたしは、うんざりされるのを承知のうえで、本章の目的は世界の児童労働の研究を示すことではなく、児童労働に第一に関与している者、すなわち子どもたちについてわたしたちが抱いている像《ビジョン》の夾雑物を取り払う手助けをすることであると言っておきたい。そもそも統計学者がわたしたちの視界に押し入ってきて、社会的行為者たちの邪魔をする資格はないのだから。

ある日、わたしはパキスタンのラホール郊外の露天のれんが工場を訪ねた帰り道、バッタ・マズドール・モアズ（『れんが工場労働者解放戦線』）のウーサン・ウラ・カーン議長と長談義をしていた。わたしたちは奴隷状態にあるれんが工場労働者たちの数千年にわたる物語について話し合っていた。一人はイスラムの文化に、もう一人はキリスト教の文化に育まれた者としてわたしたちの話はいつしか『旧約聖書』の『出エジプト記』【原注18】に及び、二〇世紀末のパキスタンの労働者の状況と四、五千年前、エジプトのファラオたちのためにれんがを作ったヘブライ人たちの状況とを比べあっていた。解放の戦士モーセが提起した唯一の選択肢は、異郷への、すなわち新たな社会関係に特徴付けられる「約束の地」への脱出であった。それをモーセは、奴隷制支持者たちに向かってまるでそれが唯一の論拠であるかのように神の言葉「わたしは全き他者である。あの者たちはわたしの民である」をもってした。モーセは如何なるときも、奴隷の数に依拠した論理を展開せず、別のまなざしである全き他者、絶対者としての他者のまなざしについて語ったのである【訳注1】。

数千年が経ち、れんが作りの奴隷たちは今も仕事に就いている。教訓はなお生きている。わたしは、システムの精神をもって領土を回復し、一族の長《おさ》となったあのゲリラ戦士、イスラエルの王ダビデのことをかすかな冷笑を浮かべて考えないではいられない。王は民の人口調査に基づいてその政策を決定しようとした。ただ、ペストの流行が王の統計数値を時代遅れにしてしまったが……。「いったい何人いるのだろう」という、一見ありきたりで罪のないようにみえるこの疑問こそが、調査する者の両肩にのしかかり、その手足を縛るシステムの神髄である。この疑問にはエネルギーの浪費以上に深刻な危険が潜んでいる。この活動家に自分《アイデンティティ》を見失わせてしまう、あるいは特性を失わせてしまう危険性があるのだ。働く子どもたちに囲まれ、弱き者や虐げられている者の側で活動していた者が、たんにその任務の必要性からバリケードの向こう側に身を移す。そこで自分たちのシステムだけが可能だと信じこませようとしている権力者たちの言説に触れ、その行動に出会うと、調査する者は、今のところ優勢である(権力者の側の)世界とは別の世界が現にあるとの生きた声明、それゆえ他性の権利【異なる生き方を求める権利】の歩く広告塔となる。そのため、調査する者が働く子どもたちの数は把握できないと言うと、この者はこの科学的な回答を通して、それが不可能なのは子どもたちの搾取から利益を得ている者たちだけが調査の手段を有していて、その手段を用いたがらないからだとの政治的主張を広めていることになる。その反対に、調査する者が不安を与えるような数字を示そうものなら、目標の輪郭を浮かび上がらせているとの印象を、それゆえに理論的には適当な手段さえ手に入れれば目標に到達できるとの印象を与える。調査する者はこうして、自分たちの権力を維持しようとする権力者たちの意思に直面しても、あのもっとも小さき者に完全な資格をもった人類の一員である権利を理解させたいという強靭な意思を発揮しつつも、それを挫《くじ》こうとする権力者たちの役に立つ政治的立場に足をとられる危険性がある。

統計データ

働く子どもたちに関してわたしたちに用意されているデータには二つのタイプがある。一つはＩＬＯ国際労働事務局のデータ、もう一つはさまざまな経済指標や社会指標を組み合わせて作成されたデータである。

ＩＬＯ国際労働事務局の数値

「国際労働事務局は今日、開発途上国だけで五歳から十四歳までの子ども少なくとも一億二千万人が労働を強制され、これに労働を第二の主たる活動としている子どもを加えれば、その数は二倍（約二億五千万人）になると推計している。二億五千万の内訳はアジアが六一％、アフリカが三二％、中南米が七％である。絶対数では働く子どもたちの数はアジアがもっとも多いが、パーセンテージではアフリカがトップで、五歳から十四歳までの子どもの約四〇％が働いている。それゆえこの問題はなによりも開発途上国に関わる問題であるが、多くの工業化のすすんだ国々、とりわけ経済が自由化された東ヨーロッパやアジアの国々でも見られる」【原注19】。これがＩＬＯ国際労働事務局の言葉である。これらの数値は世界的な推計値を示しているので、それゆえ工業化された国々と第三世界の国々との相異、一つの国でももっとも豊かな社会層と貧しい社会層との相異、さらには地方と都市部との相異を考慮に入れて解釈する必要があることを強調しておきたい。ＩＬＯ国際労働事務局の数値は児童労働の分布が都市中心部とその周辺地域という構図に象徴される図式に従っている、つまり政治的経済的決定機関の中心部から遠ざかれば遠ざかるほど、子どもたちが働く率は高まっていることを確証している。

世界的規模の不確かな結論付けを避け、ＩＬＯ国際労働事務局の新たな方法論を用いて全国的規模で最近おこなわれた調査のもう少し確実なデータを拾い上げれば、その国の様相はさらにはっきりとする。例えば、基準期間とされた一週間で得られた数値と活動の季節的な変動を考慮してより長い基準期間に基づいて得られた数値を比べることが可能になる。ある基準週間には五歳から十四歳の子どもの二五％が働いているとされたものが、より長い期間を通して見てみると、その全国的な平均が四〇％にも達している国がいくつか確認された。さらに地方は都市部よりもその率が跳ね上がり、二倍になっている。いくつかの国では、それゆえ当然にももっとも貧しい国や地域においては地方における子どもの就労率は驚くべき高さにある。例えば一九九四年にエクアドルでおこなわれた調査によれば、十二歳から十四歳の地方の子どもの六一・二％が仕事に就いていた。働く子どもたちの大半（七五％）が小企業で、すなわち通常家族企業と呼ばれるところにいたという調査報告もある。コロンビアで一九九二年におこなわれた調査によれば、六歳から十四歳までの子どもの九〇％が働いていた。

一九九四年のエクアドルの調査では、働く子どもの六五％が従業員が五人未満の企業に雇われ、従業員が三十人をこえる企業に雇われているのは四％にすぎないことが判明した。これが、第四章に示した「子どもたち、親たち、雇用者の戦略」についての観察に対するより正確な統計的局面である。

周知のように、社会生活のあらゆる分野には、なかでも雇用や労働の分野には性による差別がある。大人の女性に対する差別があるように、少女に対しても差別がある。調査ではよく、女子よりも男子のほうが多く働いているとされる。本当だろうか。この点についてＩＬＯ国際労働事務局の報告書は次のように解説している。「しかし注意しなければならないのは、少女の労働は統計調査においてしばしば過小評価されていることである。多くの子どもたちが、その大部分は少女たちであるが、フルタイムで両親の家でおこなっている、そのおかげで親が仕事に出かけられる家事労働を統計は通常考慮に入れないからだ。もし、このフルタイムの家事労働が加味されれば、間違いなく子どもたちの経済活動への参加率の性による差はなくなり、少女の参加率が男の子よりも高いことが歴然とするだろう」【原注20】。こうして考えてみると、これらの統計数値は修正しなければならなくなるが、それはさておくとして、本章で示した総括的な推計値は最小の数値であることが明らかになった。加えて言えば、それはまた働く子どもたちをどのように見るべきかをも雄弁に語っている。すなわち、わたしたちの視界から一部の子どもたちを外してしまうさまざまなフィルターの他に、もう一つ、性差別のフィルターがある。

各種の調査から、メディアや世論の受けがよい児童労働、すなわち近代的な工場とくに輸出企業での児童の労働は世界的にはごくわずかであるとされている。通常、この種の児童労働は一〇％以下と見なされている。一九九四年、アメリカ労働省は議会の要請を受けて、アメリカに製品を輸出している外国企業での児童労働の地位を明らかにする調査を多額の資金を使っておこなった。当時の国際的な流れを勘案すれば、調査する側に過小評価しようとする傾向はほとんどなかったと考えてよい。ところが結論はこの上なく明快であった。「働く子どもたちのごくわずか、おそらく五％未満の子どもが輸出産業、製造工場、鉱山で雇われている。通常、大企業には子どもたちの姿は見られず、むしろ中小企業や家族企業、近隣の者が経営している企業で働いている」【原注21】。

その他の指標

今日少なくとも四人に一人の子どもが仕事に就いている。この推計を児童労働の現象の上限と見なしたとしても、わたしたちに児童労働を社会生活の全体に関わる問題として考えさせるのに十分な数値である。たとえこの状況が「北」の国々に暮らすわたしたちをただちにとりまくことはないとしても、グローバル化（世界化）という流れがわたしたちにこの状況を関係付けている。それゆえ、この子どもたちの巨大な集団の輪郭をよりはっきりさせるためには、その他の指標を利用することが不可欠となる。どんな分野であれ、世界的な統計の信頼性の評価に関わるときには、右に述べたＩＬＯ国際労働事務局のデータについての諸注意がその他の調査範囲にも適用できること、よって慎重さが求められることを頭のなかに入れておいたほうがよいことは言うまでもないだろう。

すべての子どもにとって第一の重要課題は、小学校へ行くか行かないかではなく、まず食べることである。忘れてならないのは、生まれてこのかたろくに十分に食べさせてもらってない子どもは大変なハンディを抱えて五歳や六歳を迎えるのである。この年齢から、児童労働に関わりはじめる。すると子どもはますます自分一人でなんとかしなくてはならなくなるので、栄養不良はこの先もつづくばかりか、空腹が子どもの生体組織をいためつけ、構造を脆弱にする。この脆弱さは主として食料の量的な不足によるのではなく、蛋白質、ヨウ素、ビタミンなど必要な栄養素のバランスを欠いた食事のためである。ところで世界では五歳未満の一億八千万人の子どもが栄養不良の状態にあり、その最たるところは、意外に思われようが、アフリカではなく南アジアである。開発途上国においては三九％の子どもが発育の遅れをみせており、もっとも深刻な国々では五〇％にも達する。

言うまでもなく、蛋白質やビタミン類の恒常的な欠乏状態は子どもの健康を徐々にむしばむ。さらには開発途上国の子どもの八〇％が保健のサービスを受けておらず、五五％が飲み水が十分に手に入らないために、子どもはいっそう病気にかかりやすくなる。両親が読み書きができず、基本的な衛生教育を子どもに施せないため事態はより深刻化しており、子どものからだはより疲れやすくなる。そのためたんなる不注意からやとっさの動作がとれなくて、よく事故に遭う。それも子どもが機械類のあいだで、とくに危険な製品に囲まれて働いているからというわけではない。こうして見ると、はるか以前からもっとも普及している家庭での労働や職人の小さな仕事場での労働も、工場での労働と同じように子どもにとっては危険なのである。

教育関連の統計はとくにひどい。非難されるような現実があからさまになるのを嫌って、数値を操作していた政府の存在も判明している。第三世界全体で五人にようやく四人の子どもが小学校に登録され、もっとも遅れた国々では二人に一人の子どもしか登録されていない事実は隠しようもない。そして、初等教育では国によっては二五%から五〇%の子どもたちが学業を途中で放棄している。働く子どもたちの数についての統計と同様、学業放棄の真の惨状の概略をつかむためには全国的な統計だけでなく地域あるいは学区ごとの統計に注視しなければならない。タイのジョムシャンで一九九〇年に開催された「みんなのための教育世界会議」以来、もっと多くの子どもたちが基礎教育を受けられるように大変な努力が積み重ねられてきた。しかし、何人の子どもが基礎教育を受けられただろうか。第一に概して手抜きされがちな教育である学校外教育《ノン・フォーマル・スクール》プログラムがはじまっているが、その結果生じている差別から見れば、ないよりはましというのは確かではない。IMF(国際通貨基金)が押しつける構造調整プログラムの圧力の下で日の目を見たもう一つの方法は、子どもたちの半分が午前中に、残りの半分が午後に授業をうけるダブル授業システムである。こうすれば同じ経費で倍の数の生徒を受けいれられる。そして就学児童の統計はふくれあがり、もっとも貧しい家庭の子どもたちも学校にも行けて、働くこともできるわけだ。

さて、注目を要するもう一つの重要な指標が貧困率である。十五億人近い人間が一ドル足らず(わたしが買う日刊紙一部だ)のお金で一日を生きている。このことは地上の残りの住人たちが裕福に生きていることを意味するものではない、ここで問題にしているのは極度の貧困である。子どもたちの生活を根底からひっくり返してしまうこの生きる資力の欠如は、まるで子どもたち一人ひとりの足首に鎖でつないだ鉄の玉である。鎖につながれたまま子どもたちは走らされ、毎日仲間に出会い、明日に出会うために前に進まされる。貧しい子どもは前に進むためのお金にも困っている。しかし、最悪なのは、子どもの目には世界は先へ先へと進み、自分は取り残されてゆくと映ることだ。貧困はまるで遠心力のようだ、子どもを周縁に吹きとばし、ついには社会から締め出してしまう。十五億の人間が極貧層にあるということは、六億、七億の子どもがこの遠心力に抗《あらが》うために全力をふり絞り、手に入るものをかき集めているということである。こちらで食べ物を少し、あちらで水を一杯、その向こうで少し文字を習い、もちろんわずかな仕事があれば一も二もなく飛びつく。この数億の子どもたちにとって労働とはたんに一日食べるための数ルピーを稼ぐ手段であるだけでなく、なによりも自分の小船をしばし繋いで、貧窮と放校の混成台風《タイフーン》をやり過ごすもやい綱なのである。この、子どもと、子どもも含めた家族のあらゆる力の緊張のなかにこそ、わたしたちは一人ひとりの子どもの個人生活における労働の真の位置を見いだし、今日の世界における児童労働の位置に関する自説をもつことができる。

統計が示す像

働く子どもたちの像について統計学者たちがもたらしたものに関する基本的な局面を三つ明らかにしたい。

ＩＬＯ国際労働事務局が少なくとも四人に一人の子どもが働いていると述べている事実は、わたしたちにこれらの子どもを特別視してはいけない、つまり適切な行動によってであれ、この現象を少しずつ減らしてゆく世界の発展にまかせるのであれ、いずれにせよ徐々になくしてゆくべき搾取と貧困の吹き寄せと見なしてはならないと言っているのである。しかし、ここ十年ほどのあいだに「開発」

と呼ばれるようになった、進歩の残りかすに汚れた大地を洗い流す役目をもった巨大メーカーの「開発」洗剤はたしかに強烈な酵素に満ちていたが、その酵素は汚れを攻撃する代わりに衣類の繊維を食いちぎっていたことを認めないわけにはいかない。もっと別のアプローチを促しているのは働く子どもたちの、0がずらりと並んだ数字だけでなく、働く子どもたちのその散らばり具合でもある。働く子どもたちは工業化のすすんだ国もふくめてたしかにこの星の地表にいる。形式こそさまざまだが、経済のあらゆる分野にたしかにいる。家族経済や大衆経済一般に対する働く子どもたちの貢献度はかなりのものである。働く子どもたちの問題を真摯に受けとめなければならないとしたら、それはイデオロギッシュで先験的な推論の圧力、あるいは労働や社会構成の理論的分析の圧力によってではなく、働く子どもたちが現にいるのは今日の生きた現実であり、世界的規模の現実であるからだ。

　この現実が児童労働や働く子どもたちを、火山の噴火を遠くからカメラで撮影するかのようにそのまま捉えるのではなく、学者が火山の噴火をこの地球を形成している熔岩塊《マグマ》の活動の一部として分析するように、わたしたちの社会像や世界像を築き上げているその他のパラメータとの関係において捉えることを求めている。地方の発展と都市部の発展、家族の生活と地域社会の生活、大衆経済と構造化された部門の経済活動、教育、保健あるいは人口統計学、一国の政策と国際的な政策、文化的、商業的交流、このどのルートをとっても働く子どもたちと出会わずにいることはできない。働く子どもたちはじつに賑やかになり、わたしたちにプロジェクトの一時休止を迫っている。おわかりだろう、高速道路の料金所でピケを張るストライキ参加者の一団に出会って、予約を入れてあるホテルに今夜は泊まれないなと予感するようなものだ。要するに、児童労働はすでに基礎的なデータになっていて、行動に移るのと同じようにまじめに分析に乗り出すときには、そのデータにやまを張るのがますます難しくなっているのだ。しかも児童労働を理論的なデータとしてではなく、生身の子どもたちが生きる今日の現実として受けとめるという、条件つきであることも言い添えておかなくてはならない。

労働は、たとえそれが一日のうちの十時間や十二時間を占めていても、働く子どもたちの生活のすべてを表わしてはいない。もっと多くの要素があり、そのうちのいくつかは右にみたように統計学的に把握することもできる。子どもたちの実際の状況を考察の中心にすえること、それが子どもの働く者としての活動と子どもの生活のその他の契機、つまり子どもの状況を構成するその他の要因との関係を明らかにしてくれる。一言で言えば、児童労働とその他の今日的な大「問題」との関係を確証することである。一九九四年、ユニセフ（国連児童基金）は『世界子供白書』のなかで「貧困―人口―環境スパイラル（ＰＰＥスパイラル）」と呼ばれる定理を発表した。その定理はきわめて簡潔である。「国やもっとも貧しい住民たちを支えるのではなく、むしろますます周縁へと押しやっている国際経済の枠内においては、地上でもっとも貧窮している十億の人々を待ち構える最大の脅威は、貧困と人口増加と環境悪化の相互作用として現れている。これらの問題はますます緊密に結びつきあっているので、この三つを一つの集合として捉えることが肝要である」【原注22】。働く子どもたちをこれらの貧しい住人たちのただ中に見つめること、児童労働を一つの全体の一部として考察することが肝要である。

本書の冒頭では、わたしたちはたんに一人の働く子どもの顔にまなざしを投げかけることから始めた。このことが、わたしたちをひととき、働く子どもとその仲間たち、まわりの人々とともに道を歩ませた。これらの子どもたちの数とその他の社会的、経済的、政治的行為者たちとの関係が、わたしたちを働く子どもたちの共通点、さらにはすべての子どもたちの共通点の探求へと向かわせている。働く子どもたちが生きる現実に対する誠実さが、わたしたちにこれらの現実を越えさせ、児童労働とは何かにアプローチさせてくれる。このとき児童労働はわたしたち一人ひとりに向かって二つの面を伴った一つの顔を現す。一つは今日の世界を支配しつつある経済的政治的秩序のなかに何があるかを知るための探求と考察の対象であり、もう一つは行動に移ることを求めている今日的な問題という面である。握っていた子どもの手を旅の途中で不意に離さないかぎり、わたしは個人としての意思決定を下し、この子どもがわたしに投げる二面性をもった招きに応じるよう迫られる。だが、それは本書の最終章のテーマとなろう。

統計学者たちが光を当てた働く子どもたちとの出会いの第三の局面は、働く子どもたちあるいは児童労働と多国籍企業や大企業の戦略とのあいだにある関係はどんなものなのかという本書でまだ取り上げられていない問題である。ここには一見して矛盾があるように思える。多国籍企業や大企業で仕事に就いている子どもたちの取るに足らない位置に関しては統計上すでに鮮明になっているというのに、多国籍企業を支援しないことになっている強大国、なかでもとくにアメリカが国際通商協定に社会条項を組み込むために猛烈な攻勢をかけている。これは何を意味するのか。それは第十章の目的であるが、そのまえにまったく目に見えない働く子どもたち、すなわち子ども奴隷について語らなければならない。

【訳注】

1　『出エジプト記』第五章一節にあるように、モーセとアロンはファラオに向かって「イスラエルの神、主がこう言われました。『わたしの民を去らせて、荒れ野でわたしのために祭りを行わせなさい』」（新共同訳）と言うだけで、それ以上の理由は一切示していない。

第九章　債務奴隷とされる子どもたち

子どもの能力や子どもの発達が尊重される教育的労働とは逆に、あらゆる法制によっても、万人に認められている良心によっても厳に禁じられている労働形態がある。それが奴隷労働である。わたしは言葉の厳密な意味で奴隷と言っているが、それはぞっとするほど劣悪な労働条件を指すのではなく、一人の人間が誰かの所有物になっていて、完全にその人物の意のままに扱われている事実を指している。

子どもたちのあいだで今日もっとも広まっていると思われる奴隷形態は債務奴隷である。奴隷状態にある子どもの数を示す統計が存在しないとは信じがたいが、証言や研究はすべて数千万人に上るとの見方で一致している。しかし、わたしたちに言わせれば、数百、数千万なにがしの正確な数値なぞさして重要ではない。子どもの搾取がどこに行きつくかを見定めることこそ問題だからだ。たとえそれが一人であろうとも、ここから導き出される教訓の価値に変わりはない。

債務奴隷状態とはいわば働く人の人格を完全になおざりにし、その搾取から引き出せる利益にしか目が行かないようにする、あの家族や企業の論理について述べた章で明らかにした傾向の極限的な帰結、より正確には究極の逸脱である。このような奴隷が今日現にいることをさらけ出すことによって、労働の搾取はその進行に有効な歯止めがなされなければ、どこまで深刻化するかをわたしたちに見せてくれる。子ども債務奴隷に触れることによって、わたしたちは児童労働の分野を離れ、奴隷問題の分野に分け入る。奴隷とは何かを明確に理解するためには、今日奴隷がどんな意味に受けとられているかを少しばかり考えてみる必要がある。

最初に強調しておきたいのは言葉の進化である。もっとも、たとえ必要であろうとも、意味論の演習に取り組むもうなんて考えはわたしには毛頭ない。ただ、言葉の進化は集団でおこなわれる行為と捉えておくべきである。「黒人売買」【アフリカでおこなわれていた黒人奴隷の商取引】という言葉は、世論の想像力豊かな領域に浸透して、「奴隷」という言葉の意味をその歴史的表現の一つに凝結させてしまった。そのため奴隷の商取引という行為が消滅すると、奴隷という言葉の意味は著しく和らいだ。いかにもフランス人らしき小市民が飼い犬や飼い猫の「奴隷になってしまった」と嘆いてみせても、わたしたちはほとんど驚かない。だが、例えばわたしがハルツームかイスラマバードのとある商店の奥まった部屋で男か女か子どもを買って、その所有者になろうとするとき、その男か女か子どもを何と呼んで、これをもらうよと指さすのだろうか。注意しよう。これはたんなる情報伝達の困難さよりもはるかに深刻だ。今日の奴隷商人たちはこのようなまやかしを必要としている。世界を丸めこむ必要がある。もし、『奴隷制廃止国際連盟』や『国際奴隷制度反対同盟』の現メンバーである者が往年の勇士と取り違えられるとしても、さして意味のないことなのだろうか。それは、国連のような国際機関で奴隷の定義がいまなお絶えることのない議論の争点となっているほど、大変なことである。以前に、国連人権委員会の（ちっぽけな）「奴隷制度に関する作業部会」に対する攻撃に立ち会ったことがある。この部会は焼けるような今日性をもった問題を各国政府に突きつけていた。ところが暗示的なことに、一九八八年に名称を「奴隷制度の今日的形態に関する作業部会」と変更した。この語彙の問題は働く子どもたちに投げるそのまなざしという観点から、決して取るに足らない問題ではない。働く子どもが奴隷であるなら、つまり誰かの所有「物」であるなら、その子どもの解放を目指した出会いは、たんにその子どもの疲れを癒すとか少しばかりの教育を施すこととはまったく別の事柄となる。反対に働いている子どもすべてをわたしが奴隷と見なすなら、わたしは子どもたちの生きた現実とは無縁な、この現実にすでに生まれているさまざまな足掛かりを考慮に入れない解放プロセスを後押ししてしまう恐れがある。とは言うものの、では現実に奴隷となっている子どもたちへの適切なアプローチはどのように推進したらいいのだろうか。

今日的な奴隷制度の一般的な形態【原注23】

一九七三年七月、【フランス南東部アルプス山脈】モンブラン・トンネルの出口でフランスの税関が、鉛色した二台のトラックの運転手の身分証明書の異常に気づき、積荷を改めた。トラックには五十九人のアフリカ人が隠されていて、本人の同意もなしに、ある企業に送られるところだった。こうして事が露見するのは例外のようだが、ともかくこの出来事を通して、わたしたちは「出稼ぎ労働者」の名に偽装された、今日の奴隷制度のもっともよく普及している仕組みの一つを目にできたわけである。あらゆる政治的、経済的、社会的、文化的な構成要素を含んだ移住は、国境の閉鎖性とシェンゲン合意【訳注1】にともなうヨーロッパの今日的な問題である。それはとりわけフランスでは一九九七年、サン・パピエ（滞在許可証をもたない人たち）の闘いによって注目を引いた【訳注2】。これはまた、第三世界の国々の変わらぬ要求の一つが、自国の労力輸出（働く人々を、商札を付けた割当量だけこちらで積んであちらで降ろす商品として語るまでになっている）のために先進諸国のさらなる便宜を取りつけることであるために、世界的な問題でもある。そうは名付けられていないだけの、実際は戦争に外ならないグローバル化（世界化）における政治的争点である。この問題はときに一国の政治的、経済的、社会的不安定化の要因ともなる。例えば湾岸戦争時にクウェートから追放され、自国のイエメンに戻っても、国が貧しく、受け入れ先もなく、社会―経済的生活に居所を見つけられなかったイエメン人移民労働者の状況を見るだけで十分にわかる。

移民労働こそ、労働者の身分証明書、パスポート、ビザ、滞在許可証などの操作の問題をかかえた奴隷制にわたしたちを直接向き合わせている労働者の搾取形態である。国によっては、雇用者が労働者の到着と同時にパスポートを取り上げ、仕事や雇用者を変える可能性をなくすだけでなく、移動の自由、警察の保護を頼んだり、裁判に訴える自由をも奪って、思いのままに扱えるようにしている。ヤン・ムーリエ・ブータンはフランスの現状を奴隷制の現象と結びつけて告発している。「わが国の移民制度の第一の欠陥は、移民に対して法律上は穴埋め用の労働者としてしか認めていないことである。これはまさしく、アパルトヘイト（人種隔離政策）をとった奴隷制擁護者や南アフリカ政府の立場である。他国民に対する不歓待の仕組みは精神状態や文化に関わる事柄ではない。それはまた、残念ながら、多くの「調整主義者」たちが信じこませようとしたように、ある失業水準以下では開放が望ましく（自由主義的な法体系がよい）、それを越えれば法律や規則、行政がより厳しく制限する方向に動くという風に、失業水準を決定することで解消される経済情勢に関わる事柄でもない」【原注24】。同氏は労働力の搾取の構造的な要因としての「手綱を握られた賃金労働者」を描写している。

わたしは移民の現象を具体的にたどってみたい。それが本章の意図をくっきりと浮かび上がらせるからだ。それは移民が発生する過程での債務の位置である。わたしがここで取り上げたいのは、家族の一員がよその地域や外国へ働きに行く原因となった家族の負債（それがあったとして）ではなく、移民手続きの過程で必要とされる負債である。一言で言えば、出発するのに高額の費用を要し、その金額はたいていの場合、働く人とその家族の支払い能力を越えている。まずは旅費、移動に飛行機を使うとなれば尚更で、次がパスポートやビザなどを取得するための山のような書類を作成する費用、またあらゆる種類の賄賂がなしではすまないことも忘れてはならない。たとえ一籠の買物でもして出発の際に近隣の人々と酌み交わす酒など、その他の費用も必要となる。こうして借金せざるをえなくなる。システムは見事に機能し、斡旋屋《リクルーター》たちが早速やってきて、出稼ぎに行きそうな家庭をまわり、前もって金を払う必要はない、費用は全部行った先の給料から差し引くからと言って歩く。債務の存在は雇用者との関係や労働条件に重くのしかかる。借金を返すのが非常に困難なのが労働者にはすぐにわかるからだ。クリスティアン・ジェフレイはブラジルにおける債務と隷属的労働との関係の分析を、社会構成と政治生活における債務の影響の分析とあわせて押しすすめた【原注25】。

債務奴隷がたとえ地域のさまざまな搾取システムに接木されているとしても、基本的には植民地主義の産物であることを忘れてはならない。それは奴隷制の廃止とともに大きく広がり、今では奴隷制から資本主義生産様式の集金装置が機能するまでの橋渡し役を果たさせる戦略の一つとなっている。一世紀前に大農場《プランテーション》や大鉱山でとくによく見られたこの現象は今もつづいている。雇用者たちは労働者が働き先までの旅費や生活必需品、住居、飲み物、気晴らしのための費用などで借金するように仕向ける。また奴隷制の廃止後、解放されたものの住居のない人たちが法律によって浮浪罪に問われ、罰金を支払うために不本意な労働契約を結ばされるという国もあった。わたしがこのような特徴に注目するのは、働く人の債務問題がこれほどまでに搾取システムの鍵をにぎる要因であるからである。

債務の問題を、いくらかは影響がつづく一種の事件とみなし、たんなる借金に還元するとすれば誤りであろう。債務の結果は労働者の特殊な身分、つまり奴隷となる仕組みになっているからだ。この仕組みは恐ろしく単純な図式に簡略化できる。一人の働く人が負債を負う。その人は自らの労働を提供することでしか負債をぬぐい消せない。わずかな稼ぎのこの人は返済を遅らせ、負債をさらに増やすので、負債は次の世代に受け継がれる。この仕組みを支える三つの要因を見ておこう。まずは、わたしが暴力的と形容する悲惨な状況である。文字どおりの暴力によって、下層農民はときに軍事力をもって土地を奪われ、働く人々は企業から追い出され、住民たちは何の補償もなしに移住させられる。また、もっとも貧しい人々が国が定めた最低保障賃金すら得られないという制度上の暴力もある。生き延びるためには働く人々は互いに借金しあったり、雇用者から借りるほか術はない。二つ目は最低保障賃金（あったとしてだが）をはるかに下回る賃金である。これでは生活しながら借金を返済することは不可能である。これらの人々は普通、読み書きができないので、給与明細書やもらった領収書のチェックがまったくできない。そのため雇用者は元金や、ただでさえ驚くほど高い利率の数値を操作する。働く人々は文字どおり債務の蟻地獄に囚われている。そして三つ目には、これが債務と奴隷制のつながりをもっとも明瞭に示しているが、働く人には雇用者を変えて、より高い報酬が得られる仕事を探す（ときには職場を代わる）自由がないことである。また雇用者と高利貸が一体となって政治権力や警察と結託し、債務のある労働者の逃亡を法律で禁止してしまうことも稀ではない。このような状況のうえに、家事労働の形をとったさまざまな雑役、女性や子どもに対するセクシュアル・ハラストメント、娘の結婚など家族生活への干渉、別の雇用者への労働者の貸し出しや売り渡し、むろん殴打やさまざまな暴力などの奴隷状態ならではの要因が当然加わることは言うまでもないだろう。

こうした大人にも子どもにも関わる奴隷制の全体的なアプローチにつづいて、子ども債務奴隷をもう少し詳しく観察する必要がある。

子ども債務奴隷【原注26】

債務奴隷の仕組みは子どもの場合も大人とまったく同様に働いている。しかし、子どもの債務奴隷化の決定的局面をなす子どもの取引は、子どもを物のように扱う売り手と買い手双方の大人のあいだでおこなわれるが、子どもの労働は両親が負った負債の増加の源ともなることを指摘しておかなくてはならない。実際、子どもが引きおこす不意の出費は（アスピリン一錠でも）負債を増大させる。そのうえ、子どもが罰を受けるとき、殴打だけとはかぎらず、重大なときには罰金を課される。何週間も何年も、疲れからであろうが不注意からであろうが、ミス一つ起こさず、損害も出さずに厳しい条件下で働くことは、大人でも明らかに無理である。こうして子どもには両親から受け継いだ負債に新たに自分の負債を加えられ、利息も増える。利息はさらに元の負債を増大させる。子どもは負債の増殖機構の支持材にすぎない。つまり子どもは金利となったのである。

子ども債務奴隷の生活に特徴的な要因、なすべきその仕事、毎日のくり返し、児童労働者としての全体的な経歴、この三つを通して考察を深めてみよう。子どもはある決まった仕事のために債務奴隷とされるのではない。だから子どもは、雇用者のあらゆる要求に応えるためにいつも控えていなくてはならない。とくに田舎で召使をしていれば、田畑での労働、作業場での労働、家事、買い物、主人の名代で第三者のところへ出向いておこなう労働など、昼でも夜でもどのようにでも使えるようにしていなくてはならない。たしかに、絨毯織りやれんが作り、たばこ製造などに雇われて、企業や作業場にいる子ども債務奴隷は決まった任務を専門とするようになっているが、その場合でも子どもはけっして自分の部署についての「意見表明権」はもたず、いつでもその職務を離れて主人の求めに応じられるようにしていなくてはならない。子どもはこれに加えて、掃除、水当番、入口の監視など自分の主たる活動のほかに数限りない仕事を言いつけられる。一般的な決まりとして子ども債務奴隷は、厳密な意味では生産活動にほとんど組み込まれてはいないという事実に注目しなければならない。一人の労働者あるいは一台の機械についているだけで、ただ運び、拭き、洗う、要するに典型的な家事労働と見なされている任務をこなす。

子ども債務奴隷の一日は来る日も来る日もまったく同じである。カレンダーがそもそもない。仕事の日か休日かも決まっていない。すべて雇用者の心ひとつで決まる。一日の時間も同じだ、生活のリズムは切れ目のない労働に支配され、仕事の休止は主人が決める。子どものものとなる唯一の時間が睡眠時間であるが、ぎりぎりまで切り詰められている（一日四、五時間）ので、眠るのみである。

例えば六、七歳で債務奴隷とされた子どもはどのような発達をするのだろうか。その経歴《キャリア》は、果たしてそう言えたとしてだが、どんなものだろうか。厳しい労働条件、足りない食べ物、不十分な世話は子どもの健康を損ね、心身ともにその能力を低下させる。何か月か何年かが経つうちに、子どもは債務奴隷の状態を抜け出そうとする試みはまったく絶望的であると知る。自立の兆候を少しでも見せようものなら、さんざんに殴られ、罰を受ければ罰金のために債務を増やし、解放のチャンスをはるか彼方に遠のかす。労働条件のあまりの苛酷さに両親が新たな雇用者を探すこともあるが、新たな雇用者は前の雇用者に負債を返さなくてはならないので、状況の改善はたとえあっても表面的か一時的なものである。債務奴隷の子どもは、その子ども一人だけではないこともまた見落としてはならない。債務奴隷の子どもが家族のまわりの者たちや自分の村、部族、カースト、所属している少数民族を見つめるとき、至るところにまさに自分と同じ無力感にとらわれた悲嘆を見いだす。自分に当てはまりそうな生活モデルは、両親がかつて生き、隣人たちがいま生きている生活のくり返し以外に思い描けない。子どもはその日かぎりを生きのびる生活に甘んじるほかないと知る。子どもは自らの屈服を内在化することしかできない。こうして子どもの疎外は完成する。疎外の目に見える表徴《シーニュ》が、子どもが個人的な言語表現をすべて圧し殺してしまい、ほとんど言葉を話せなくなることである。その凄まじさは、子どもが解放されたとき、長い回復訓練《リハビリ》期間を必要とし、記憶を蘇らせ、それを唇にまで導きだす特殊な技術を要するほどである。その後、一からはじめる調査を経て、ようやく子どもは家族と再会できる。

沈黙の掟

子どもの人生における債務奴隷の重大性を、わたしが沈黙という一言でまとめている様相を考慮に入れずに、社会生活におけるものと同様に測るのは困難である。大人であろうと子どもであろうと奴隷は大変な条件下で生きているので、外の社会と連絡をとることは不可能に近いか、非常に難しい。奴隷は居住地から離れた建設現場や農地、外見だけ個人の住宅に偽せられていてほとんど見分けがつかない町中の作業場で働いている。外来者用の入口も労働者用の出入り口もガードマンに厳しく監視されている。そのため奴隷の住居がどこにあるか、その労働条件がどうなっているかを正確に知るのは困難である。奴隷制と闘っている団体は奴隷がガードマンの監視の目をくぐって逃げ出し、その職場の状況を知らせるのは思いがけない幸運からであることを知っている。大人の場合がそのようであるから、まして子どもの場合はなおさらである。事実、たいていの子どもの奴隷は生まれた村からどれくらいのところにいるかも知らないし、誰に話したらいいかもわからず、ときには土地の言葉も話せない。

外の世界に向かってメッセージを伝えようにもこのような物理的な障害があるうえ、奴隷所有者や監視の目が始終あって、子どもたちを怖がらせ、沈黙を強いている。「ムンニバル、十二歳は、ミルザプールで解放された二十三人の子どもの一人である。この子の話では、親に会いたがる子どもたちはたばこの火を押しつけられ、さんざんにぶたれ、見せしめにされた」【原注27】。アジアであれ、アフリカ、南アメリカであれ、奴隷状態から解放された子どもたちのインタビューに共通しているのは、黙らせることを目的として子どもたちに加えられる肉体的な暴力のくだりである。この暴力は当座の沈黙を強要するだけでなく、何年にもわたって子どもたちの心とふるまいに深い傷を残す。子ども奴隷の社会復帰プログラムのなかで出会った多くの困難の一つが、これらの子どもたちはひとたび解放されても容易には自分の経験を言葉にして語れないことである。それほどに子どもたちは心に深い傷《トラウマ》を負っていた。

　自分の体験すら言葉にできない困難性は、家族生活や地域社会で受けた教育の影響も加わるので、子どもの場合はより一層顕著に現れる。実際、これらの子どもは少数派の社会集団、例えば先住民やより下位とみなされるカーストの出身で、他の社会集団と平等の権利があるとわからせることが難しい。子どもは幼いころから、両親やまわりの人々の態度を見つめている。母親と村の井戸へ行って、順番の列を乱されても黙って受け入れざるをえない。住居にしていた小屋を所有者が取り壊すと決定すると、家族は黙ってよそへ行くしかない。毎日の生活で子どもの脳裡に植えつけられる基本的な教訓の一つが、より下位か少数派の社会集団であるカーストや部族に属していれば、沈黙こそ生き延びるための必須の条件であるというものである。奴隷とされることで、この教訓はさらに確固たるものになる。

　沈黙にはもう一つの側面、社会の沈黙がある。奴隷を好きなように使うためには、所有者には社会の沈黙が必要である。所有者たちはそのふるまいが世論や法の指弾を受けると十分に自覚しているからだ。そのため、所有者たちの第一の気遣いは部外者の労働の現場への立ち入りと、労働者と調査官、活動家、ジャーナリストとの接触を禁じることである。視察や公式の使節団の来訪が避けられないときは、所有者たちは労働者にとるべき態度を前もって教え、子どもの奴隷については躊躇せずにどこかに閉じ込め、隠してしまう。ガードマンに痛めつけられ、フィルムをだめにされたジャーナリストは数えきれないくらい多い。

子ども奴隷の所有者はまた、現行の情報さえ流布されないよう警戒を怠らない。少しでも注目を引くルポルタージュがメディアに出ると、すかさず事実を否定する見解を発表させ、報道機関を名誉毀損で告訴する。たとえ公にされた事実が真実であっても、裁判に訴えることを公式に声明する。反対に自分たちの企業によいイメージを与えるルポルタージュには金を払い、調査報道がかくかくしかじかの場所に奴隷は存在しないことを証明しているように繕う。世論が奴隷制の存在に気づくのを遅らせようとするのは、どの国の奴隷制擁護者にも共通する態度である。

債務奴隷制は牢獄のように作用する。つまり子どもの幽閉である。幽閉は子どもから、子ども個人に所属するものである肉体的、精神的健康を奪い、あらゆる社会的関係の基礎である言葉をも奪う。こうして子どもの周囲との関係、とくに社会との関係が断たれる。地理的な意味での肉体的な幽閉は悲劇的な結末をむかえることもある。事故死、病死、ときには殺害され、埋められてしまうこともある。そのうえ債務奴隷制は子どもを今という一瞬への依存に閉じ込める。子どもの歴史は凝固し、言葉はときに恐ろしい現実を表わす。言葉を発することは死を意味することでもあるからだ。債務奴隷制によって雇用者は子どもから子ども時代を盗むだけでなく、子どもの未来をも盗む。

仲介者

債務奴隷制、とくに子ども債務奴隷について考えるとき、人は普通、地主や企業主などの個人の姿を奴隷所有者として頭に浮かべる。しかし、現実ははるかに複雑である。伝統的には農業部門における債務奴隷制は土地所有者と労働者との直接的な関係のうえに成り立っている。この状況はたしかに現在もつづいているが、別のタイプの関係も発展しているようである。むしろ、一人あるいは数人の仲介者を通した雇用者と労働者との関係のほうが支配的な形態となっている。仲介者はたんなる個人のときも、資金力のある周旋屋に雇われているときもある。子どもを見つけ、子どもを雇用者の自由にし、なおかつ雇用者が自分は子どもを雇ってはいないと言明し、一切の責任を逃れられるようにしているのが、この仲介者である。仲介者はまた、家族労働の分野でも蠢いている。ある一定の地域に独占的に原材料を供給し、設備を用意し、生産物を商品として流通させる。例えば多くの国でおこなわれている国内向けのたばこ製造の場合がそうである。仲介者は法の保護の外に置かれた数百人規模の労働力を効果的かつほぼ完全に掌握している。ある家族が金に困ると、すぐに飛んでいって給料日まえに金を出そうと言う。仲介者は人助けにかこつけて、この家族を子どもたちも含めた債務奴隷の手続きに入らせる。こうして仲介者の意思ひとつで、債務奴隷への坂道を転がり落ちてゆく。

児童労働の世界なら至るところでみられるこれら仲介者の役割は、債務奴隷制の場合では若干の特徴がある。まず仲介者を斡旋屋《リクルーター》、運び屋、監視人の三つのカテゴリーに分けなくてはならない。

幹旋屋はとりわけ貧しい家族を、とくに金銭に困る時節を見計らって訪ねて回る。幹旋屋は子どものうちの一人が数週間か数か月も働けば簡単に返済できるからとほのめかして、ある金額を申し出る。鉱山や大規模な森林開発の業者に雇われて動いている幹旋屋は現地までの旅費を貸すから、後で返済すればよいと言う。子どもは無報酬で、仕事と食事の約束だけで連れて行かれる。これらの幹旋屋が秘密裏に行動していると考えてはならない。みな、家族の知りあいである。親たちは日頃からこれらの幹旋屋を知っていて、信頼しているか好感をもっているかしていて、困ったことが起きると幹旋屋に相談に行くほどである。幹旋屋は職業安定所として公式に登録された口利き屋に雇われていることもある。このため本当は当局の細かい監視の目が届かないというのに、家族に誤った安心感を与えている。幹旋屋が子どもの家族に、自分はこの紹介所で働いていると言って紹介所の住所を書いた紙片を渡しているのを目撃するのも稀ではない。親たちは必要なときはここに問い合わせられると信じてしまう。

働く場所が家族から離れていればいるほど、子どもは逃げだしたり家族に救いを求めたりできにくくなる。しかし、だからといって債務奴隷とされた子どもたち皆が皆、すぐに何百キロも離れたところへ連れて行かれるわけではない。実際、村を一度も出たことがなく、食べてゆくのに精一杯の家族にとって数十キロという距離ですら、ほとんど越えられないほどの深い堀である。しかし、家族と物理的に近ければ債務奴隷とされた子どもにとって幸運であるかというと、決してそうではない。子どもたちを列車やトラックに積み込んで、目的地に着くまで監視することだけを役目とした護送役が存在する。移動中、子どもたちは他の労働者たちと一緒にされる。警察を買収して検問をくぐり抜けることができないときは、大人が子どもたちを抱き寄せて、親類だと名乗る。こうしたやり方は飛行機を利用して国境を越えるとき必ず必要となる。

債務奴隷を使っている雇用者がもっとも気にかけているのは、労働者とくに子どもの労働者を奴隷状態に抑制しておくこと、そしてなによりも物理的に逃亡を防ぐことである。子どもであれ大人であれ、建設現場や企業に債務奴隷労働者がいればいるほど、労働者の監視は厳しくなり、奴隷が逃げられないように、外部に情報を流せないように徹底される。ガードマンは武装していることもあり、秩序を維持するための一切の権力が与えられていて、暴力などの行き過ぎがあっても雇用者が擁護してくれることを知っている。企業を私有物と見なす習慣から、当然その出入りは禁止できるからと、主人のことしか頭にない部下たちとともに私設の警官をも配置する。

子ども奴隷の発見はわたしたちをこの旅程の果てまで導いてくれた。より正確に言うには、洞窟探検の光景を想い描くのがいいだろう。暗い洞窟を奥へ奥へと降りてゆくと、一つひとつの発見が、古代とは言わずとも遠い過去と一体化してゆく時間《とき》を遡るような印象を与えてくれる。しかし、わたしたちは歴史的な探求にも理論的な分析にも身を委ねはしなかった。今、わたしたち一人ひとりはあらゆるタイプの働く子どもたち、生身の存在として現にいる働く子どもたちに出会い、話し、聞き、触れ、それぞれの顔に名前をつけることができる。このことこそ、これらの子どもたちを発見してもっともあわてさせられることである。つまり、働く子どもたちは今日のわたしたち人類の同伴者である。そしてまた、洞窟学者が一本のワイヤーかロープで地表や支援チームと結んでいるように、この「地獄」（債務奴隷とされて売春宿に閉じ込められた少女たちの境遇を思えば、この言葉が強烈すぎることはない）への降下の最中にも、子どもの経済的次元における活動という一本の紅い糸のようなものがあった。だからこそ、もし特別なことが起きなかったら、子ども—大人と労働—商品との二重の関係の論理をそのままにしておいたら、要するに児童労働の搾取と闘わなかったら、わたしたちは児童労働のすべてに承認を与えてしまうことになると真実、言い切れるのだ。本書でわたしが提起している問題は、厳密には児童労働に反対する行動の問題ではなく、一人ひとりが児童労働制度を一掃するために大地に一粒の種を蒔く場所をはっきりと見定める、働く子どもたちの発見の問題である。働く子どもたち一人ひとりを見つめるためには、勇気をもって果ての果てまで行き、そこであの子どものまわりをうろついている奴隷制と人間性否定の亡霊を見定めなくてはならない。

債務による子どもの奴隷化は、わたしたちに人間の他者に対する残虐性、わけても弱者に対する強者の残虐性という人間性否定がどこに行きつくかを示してくれている。雇用者がたとえ労働者を搾取していようとも、たんなる雇用者と違って奴隷使用者は買った人間のなかにもはや人間を認めないのだ。もちろん奴隷使用者でも債務奴隷に食事を与え、少なくとも一定期間はその労力を保持させせようとする。まわりに人がいるときは、礼儀や挨拶などの社会的決まりを守ろうとする。しかし現実には、奴隷使用者にとって奴隷はもはや一個の物でしかない。だが、ここで注意が必要だ。その大人個人の残虐性を理由にした例の型にはまった推論に流されず、子どもの虐待を棚上げにしないよう警戒しなければならない。たしかに個人を逮捕し、裁判にかけ、罰し、再犯をくり返させないようにしなければならない。しかし、もっとも重要なことはその人物を通して、その人が手足ともなり、ときにはある意味では犠牲者ともなっているシステムを見つめることである。

さて、わたしたちは第五章「家族の論理、企業の論理」の末尾で触れた問題、すなわち子どもたちを雇っている小企業主と大企業や多国籍企業の戦略との関係の問題に立ち戻らなければならなくなった。この両者の関係は今日の経済競争の激化と働く子どもたちの状況の統計的現実との関係を見たわたしたちの目には矛盾と映るが、本章で子ども債務奴隷を取り上げた今では完璧に論理的に仕上がっているシステムと思わせるものでもある。

【訳注】

1　ＥＵ（欧州連合）市民の域内の自由な移動を目指す一方で、域外からの「不法」移民は調印国が協力して取り締まるという取り決め。一九九〇年に調印された。

2　滞在許可証をもたない人々、難民申請が受理されない難民、非正規の滞在者などフランス居住を正当化する書類をもたない（サン・パピエ）人々が自らの権利擁護と正規化を求めた闘いは世論の大きな支持を得た。

第十章　大企業

この章にはどんなタイトルをつけようか。さまざまに浮かぶ見出しのなかから、本章の目的から外れる理論的考察に引きこまれることもなく、どうやって一つのタイトルを選び出そうか。わたしたちが拠りどころとするのは、現地調査によって確証されている良質の一般統計のデータである。ある一定の発展レベルに達した企業の規模の大きさ、経済活動との関係の複雑さから、このような企業から就労している子どもたちが見つかるのは例外的なことである。わたしが本章で取り上げるのは、じつはこのような大きな企業である。企業が多国籍企業や二カ国以上で活動する企業であるか、地域の市場向けなのか輸出向けなのか、製造、商取引、サービスを地方でやっているか都市部でやっているか、それはここでの考察にとってさして重要なことではない。しかし経営者の位階が高くなればなるほど、経営者たちは働く子どもたちを搾取していると、企業の城塞のような門に次々と押しかけては声を嗄らして糾弾する活動家たちに泰然とした態度を誇示できるようになる。このような泰然自若ぶりは、国際使用者機構（ＯＩＥ）が、各企業や使用者団体がおこなっている児童労働の分野における積極的な活動に関する基礎的なデータを集めるために全メンバーに質問票を配布することを決定したときに見られた。それは使用者側のイニシアティブについての報告書【原注28】を常に世に出そうという使用者の意図に基づいた手引書に従ったまでのことだ。要するに児童労働に反対して闘う経営者のイメージ作りが狙いだ。

しかし、ここ数年のうちに進展した、国際貿易協定に社会条項を組み入れようという闘いもまた考慮に入れておく必要がある。この社会条項に児童労働が入っているからである。労働者を搾取し、法律によって保護されていない労力を求めて脱地域化を図っている企業との（不正競争だと指摘している）競争から身を守りたいと思っている雇用者もいる。このような雇用者たちは、働く者に敬意を払わない雇用者に圧力をかけようとしている労働組合や人道援助団体による攻勢については、無理やり取ってつけた理由からではないのだが、意見が一致している。この明らかな事実を見ただけでも、大企業は児童労働と何か関係があると思えてくる。数千の企業にいる子どもたちの就労をやめさせるだけなら、あんな騒ぎにはならないだろうからだ。

たとえ「人道主義的な」経営者の立派な姿が社会史のなかに散見できるとしても、誰も大企業のトップに被雇用者の運命に対する思いやりの模範を見ようとはしない。例えば大企業の社長たちが被雇用者の小指の先ほどのベースアップを頑なに拒みながら、自分の報酬についてはすでに尋常ではない高額なのに更にびっくりするほどの増額を勝手に決めることを考えてみればよい。一九九七年、フランスで首相が週労働時間を三十五時間とする短縮法案を発表したとき、フランス経営者全国評議会（CNPF）【フランス版経団連】の会長は辞意を表明した。会長が示した理由は明快このうえなかった。今日の世界においては経営者の第一の資質、それは「人殺し」（！）であることだと言うのだ。フランスの連続テレビドラマ好きの視聴者たちは『ダラス』【アメリカの連続テレビドラマ】の非情な世界にいるかと思ったことだろう。

子どもの権利に少なからぬ興味をもっている方なら、企業から逃げようとした子どもが殺され、死体をばらばらに切断された話をインドの新聞で読んだり、ブラジルでいくつもの鉱山開発現場の周辺から子ども専用の墓地が発見されたなどの、いのちをないがしろにするほどに残虐な数々の行為を覚えているだろう。

このことは、働く子どもの虐待を個人の行為に還元してはならないとしたら、労働者の管理システム、国際貿易の規範、つまり経済秩序全体と一言で言えるものは隕石のように突然空から落ちてはこないし、ましてや盛んに吹聴されているように世界史の通常の進行のなかでは生まれないことを忘れてはならないとわたしたちに教えている。世界の進行を構想し、決定しているのは、あなたやわたしのように明確に一個の人間として特定できる男たちや女たちである。つまり、決定するのは多国籍企業の社長や大資本家、国家の指導者たちで、彼らは思いのままになる専門家委員会を相談役として擁している。これらの専門家は大学に講座をもっている理論家たちからなり、その考えを書物に著し、会議で共有しあい、その顔はテレビ画面に登場している。この専門家たちの交流の足跡をたどるのはたやすい【原注29】。そこには数百万の人命を抹消する決定を下すことに恬《てん》として恥じないという共通点が見えている。

これら決定権者の限られた世界と労働者の毎日の生活の現実のあいだには深い溝ができてしまって

いる。それゆえ、物事をグローバルに見なければならないとの口実をつけて、なんら中身を吟味することなく観念や単なる言葉を弄《もてあそ》ぶ。労働の分野ではリカルド・ペトレラが「人的資源」という表現を取り上げてこの態度をじつにうまく要約している。「わたしたちはもはや働く人々ではない。石工でも列車の運転手でもなく、農民でも、大学教授でもなく、銀行員でも、保険の勧誘員でもない。わたしたちは一人の例外もなく、自然資源、技術資源、金融資源と同じ資格で、一つの国および世界の経済資源全体の一部をなす人的資源となりはてた」【原注30】。これらの働く人々とともに働く子どもたちも、この進化の代償を払っている。人はもはや働く子どもたちを見ず、見つめず、目を閉じて「児童労働」という概念《コンセプト》について黙想する。この概念を使って理論や政策を組み立てる。そしてついには、権力者が市場の分け前を独り占めするために身を委ねる戦争に使用する武器のように、この概念を鍛え上げる。現代の新自由主義的《ネオ・リベラル》資本主義のこのような態度は、論理的にも行動においても、労働と賃金の交換に縛られた、企業にいるあいだだけ労働者であるその生活と、何が起こっても存在しないかのような労働者の企業の外での残りの生活との二項対立を操作する資本主義システムの基本的な仕組みの論理的帰結である。要するに労働者は、出勤時と退勤時の、タイムレコーダーにカードを差し込む二つの瞬間のあいだだけ労働者と見なされるのである。このことが働く子どもたちとの関係において何を意味するかをより明確に見定めるまえに、大企業が現代の経済システムのなかに位置しているその方法の二、三の際立った特徴を思い起こすことが重要である。

よく知られているように、ある製品のあらゆる要素が単一の工場で製造されるような大企業はもはや存在しない。本稿を書きすすめている事務室の上空を、イギリスやドイツで集めたエアバスの部品をフランス南部のトゥールーズに運ぶアエロスパシアル社の大型輸送機が飛んでゆく。それらの部品自体、多数の生産拠点で製造されている。大企業は親会社と子会社、さらには子会社とその下請け企業群と、まるで親亀・子亀を山のように積み重ねた関係システムを発展させた。ピラミッド状のこの下請け企業群のなかにある、さまざまな規模と形態の企業が世界中の国々に散らばっている。例えばアディダスのような会社における児童労働問題について語るとき、どの子どもたちについて語ったらいいのだろう。どの子会社の、どの下請け企業の、どの下請けの作業場の子どもたちについて語ればいいのだろうか。それに、どの国なのか。リーボックの靴にしても、タイで製造されているものもあれば、韓国、インドネシア、中国その他でも製造されている。小さな作業場では競争相手であるリーボックとアディダス両方のブランドの靴を同時に製造していることもある。しかし、このことは一つの労働者グループが実際に二つのメーカーの靴を作っていることを意味するわけではない。一つの場所で完成品が作られることを頭に描いてしまいがちだが、そのような例はますます少なくなってきている。わたしがスーパーで買うシャツ一枚でも、裁断、縫製、仕上げ、包装、ラベルつけ、それから卸商へ、綿布は五つか六つの国を渡り歩く。もちろん綿織物を生むまでの工程もある。「家族の論理、企業の論理」の章でインドの絨毯産業における仲介者の多様性を取り上げたが、それと同じ状況が多くの製造部門でも見られる。

右の指摘は現行の多様なシステムの技術的な分析を示そうとしたのではなく、大企業の経営者たちはなぜ、わが社に働く子どもはいない、確認のために労働監察官を受け入れてもよいなどと言って泰然としていられるかを理解するよき手懸かりとなるからである。

どんな企業も消費者に自社製品を買わせるために互いにしのぎを削っているという事実から、事態はより複雑になっていることは言うまでもないだろう。あるブランドが競争相手の製品には働く子どもたちが関わっていることをうまく示し、それによって直接消費者に影響を及ぼすか、顧客がそっぽを向く恐れがある商品を扱うのを販売業者にためらわせるかできれば、そのブランドにとってなんという幸運だろう。製造業者団体がある国から輸入された製品には働く子どもたちが関わっていると指摘して、直接的にせよ間接的にせよ、その製品のボイコットを引き出したら、あるいは少なくとも競争相手が現地生産をおこなっている国からの輸入品の売上が減少すれば、その団体にとってはなんという幸運だろう。児童労働というテーマは広告にも使われている。広告に嘘がないかどうかを確認するための面倒で資金のいる調査は一般の消費者や一介の団体にはできないことを重々承知のうえで、「本商品は子ども労働の手を借りずに製造されております」との断り書きを製品に貼りつけているメーカーもある。たしかに企業を裁判所に訴えた例もあるが、あっても稀である。

本書の目的をしっかりと見すえながら、右の事例から結論を引き出せば、働く子どもたちを世界経済という環境のなかで捉えようとしないままの働く子どもたちへのまなざしは所詮うわべだけのものでしかなく、この子どもたちの真の状況やその長期的な発達になんら有効性をもたない分析や行動計画しか生まない、ということである。しかしだからと言って、このことはここまで考察の跡をたどってきた道程が何の役にも立たないとか、この問題をうまく要約するための言葉を求めてマルクスの『資本論』のページを急いで繰れば十分だということを意味しはしない。新自由主義《ネオ・リベラル》の大波は「唯一無二の思考」とのスローガンを掲げてわたしたちの耳元で轟《とどろ》き、メディアはこぞってロゴの役に堕してしまったイメージを通してしか、わたしたちに現実を表わそうとしなくなっている。今こそ、働く子どもたちの支援者たちがこの挑戦に応じるべきである。そのためには、わたしたちが働く子どもたちに投げかけるまなざしをさらに研ぎ澄まし、子どもたちの生活の細部の細部までも把握し、子どもたちの行動のわずかな変化をも見逃さず、子どもたち一人ひとりを人としての完全な資格をもった人間と見なすことが必要である。つまりは、働く子どもたちの生活のなかに児童労働の証拠や印を求めているにすぎない児童労働の理論的像《ビジョン》を聞かせるセイレーンたち【訳注1】の誘惑に抗《あらが》い、子どもたちのいのちのダイナミズム（活力）そのものが語る言説を解き放つことこそ必要である。

　では、働く子どもたちの顔にその反映を見てとることができる現代の世界経済システムの特徴とはどんなものだろうか。その要素をいくつか上げてみたい。

　まず第一に、働く子どもたちをざっと眺めただけですぐにわかるが、働く子どもたちが生きる世界を際立たせているものは、暴力である。しかし、子どもたちの生活のこの容貌は十分に重要視されているとは言えない。子どもは暴力を受けるたびに体を傷め、その傷痕はながく残り、ときには重大な障害となるだけでなく、暴力は子どもの心に不安定感を植えつけ、それがやがては第二の天性ともなり、子どもの態度を変えてしまう。

　ところで、この暴力こそ、現代の世界経済システムを存続させている暴力である。誰もが非難の声を上げる極端な例で示せば、家の掃除がきれいにできていない罰だと幼い家政婦の目にシシトウをこすりつけるガーナの主婦から、キューバのような小国に経済封鎖を発動するアメリカのような強大国の大統領まで、切れ目のない連続性がある。この鎖の両端のあいだには、働く子どもたちの顔面に加えられる平手打ちの環がずらりと繋がっている。子どもたちはその手をちらりと見ることもなく、その手の持ち主の名も知らない。出来高払いの賃金、解雇による失業から、土地改革、ストライキのピケに襲いかかるＣＲＳ（フランス共和国保安隊）、原材料費の操作、ＩＭＦが押しつける構造改革プログラム、住民の移住、企業の脱地域化、買収を暗殺と取り替えるマフィアの暗躍、相手国を不安定化し通貨を弱体化させるための株式市場の揺さぶり、計画的な倒産や破産、まるで渓谷を舞う猛禽のように利権を求めて滑翔する武器商人たちを太らせようと戦争へと駆り立てる軍拡競争まで、われらが指導者たちの決定に支えられているシステムのもつ暴力である。アメリカの第三世界の国々への援助の二五％は軍事援助の形でおこなわれている。このうえ、衣服を自分の血で染めた息子たちを一人ひとり見分けることが必要なのだろうか。企業のトップの言説のキーワードは、その決定を正当化する政治指導者たちと同様、明瞭すぎるほどに明瞭である。「競争力」である。

第二の特徴は定住労働者の移住労働者への変身である。つまり、子どもたちはますます生まれた土地や生まれた家で仕事に就かなくなっている。子どもたちは家を出て、第三者の家か、よその村にある作業場まで働きに行かなければならない。往復はその日のうちにするが、それができないときは仕事場で眠る。仕事と睡眠以外は子どもの生活の要素が消えてしまうので、これは普通の生活環境との切断を意味する。また子どもがよその地方や外国で本当の出稼ぎ労働者となることもある。インドのベナレス地方の絨毯製造の例を再びとれば、働く子どもたちの八七・六％が作業場のある地方とは別の地方か国から来ていた。あまりに遠く離れると、普通子どもは自分の仕事場を地理的に認識できなくなり、よその地方や国に行くと言葉が違ってしまう。こういった移住は、家族の生活が農作業のリズムをもっていた地方の環境から都市部あるいは工業地帯の環境への移行をも伴う。根っこの喪失《デラシネ》は子どもの人間関係に基づく習慣に深い影響を及ぼす。

環境の変化は家族と離れる個々の働く子どもたちだけに関係するのではない。季節労働や一定期間の労働のためによその地方にある建設現場に家族全員が移住しなければならないときも、子どもは同様に大きな影響を受ける。現在、ビルマでおこなわれている観光開発のための基盤整備《インフラ》のような広い意味での建設部門で、子どもたちも含め家族全員が働いているのが多くの国でみられる例である。そこでは大人も子どもも大規模な建設現場で暮らしながら、あらゆる種類の運搬と採掘、石割り、れんが作りに従事している。地方住民の大都市圏への出稼ぎの現象の重要性はいまさらくり返すまでもないだろう。戦争で追い立てられることによる心の傷《トラウマ》も同様である。

出稼ぎの現象は別の形で子どもに関係する。父親がよそへ仕事を探しに行くことがしばしば子ども自身が仕事に就く原因となるからである。返済を迫られている借金がある、父親の出稼ぎ労働の収入では足りない、家族に仕送りが届かなくなった、こうして母親は子どもたちを食べさせられなくなると、子どもたちを働かすほか方法がなくなる。それによって子どもたちは個人として環境の変化の影響を受けるだけでなく、(本章ではとくに次の点を強調したいが) 子どもたちは出稼ぎという事実が構造的要素となっている世界経済秩序に直接結びつけられる。おわかりのように、これほどまでの出稼ぎ者の労力への依存は、過去何世紀もそうであったように、今もって搾取を容易にするために労働者を不安定化する不変の方法なのである。これはまた、これらの外国人労働者との競争から生まれる恐怖心による国内の労力の意識操作でもある【原注31】。

移住の効果によって不安定化させられた労力から利益を引き出すためには、企業の脱地域化は大企業の全体的な戦略のなかに位置付けなければならない。フランス人やヨーロッパ人の読者には企業の脱地域化による撤退が、労働者やより一般的には地域の住民に与えた悲惨な結果については詳しく述べるまでもないだろう。反対に、外国企業の進出とともに移住してくる住人に及ぼす悪影響についてはあまり注意が払われていない。実際、企業が進出してくるのはこの移住住民から利益を上げるためである。企業は資格をもった良質の労働者を自社に引きつけるが、これが地元の産業の発展を妨げる。また企業は現地の労働力を利用しても、これらの労力には細分化された仕事しか与えない。企業は下請け企業をピラミッド状に組織して、より上手に労働者を搾取する。企業はさまざまな仲介者を置いて事業者が負うべき社会保障負担を避ける。企業は企業にしか役に立たない基盤整備事業に支出される地方予算をピンハネする。企業は労働者の権利、とくに組合結成の権利を地方官庁に除外させ、労働運動を弱体化させる。企業は環境を汚染し、破壊する。そして企業は住民に常に脅威を感じさせ、不安感を植えつける。まさしく企業の脱地域化とは、馴化《じゅんか》をともなうたんなる所在地の変更ではなく、企業がもつ真の放浪性《ノマディスム》の体現であることを忘れてはならない。ところで、このようなシステムは企業のトップと、国際取引のうえで自らはなんの権力ももてない「カウディナの隘路」【訳注2】を飲まされた地方行政府との結託がなければ機能しない。現在のところ、企業の脱地域化の進出先はアジア圏に集中している。しかし、すでに多国籍企業の目はアジア地域における生活水準の向上と労働者意識の高まりが投資収益性を下げる日に焦点を合わせている。多国籍企業は来世紀はアフリカの世紀だと断言してはばからない。アフリカの労働者の搾取の世紀が到来するとほのめかしているのだ。資本主義的投資家が安価な労力の鉱床を求めて出立するのであれ、国内さらには国境を越える出稼ぎ労働が労働者を遠隔地の企業に導くのであれ、移住の現象は現代の焦眉の問題である。

ここで世界のあらゆる国々で搾取されている移動労働者《ノマド》ともいうべき範疇の人々に触れるのをお許し願いたい。フランスでは一九九七年十一月、その恐るべき搾取の実態が明らかにされた。長距離トラック運転手の労働条件である。フランス社会全体が週三十五時間労働制の実現に動いているときに、長距離トラック運転手たちは週労働時間を五十時間に短縮する交渉のためにストライキを打たなければならなかった。しかも週労働時間は労働条件の一つにすぎない。クロード＝ヴァランティン・マリーは指摘する。「社会保険などの申告がなされていない職人、隠れサラリーマン、偽職人、無申告サラリーマン、いかさま下請け人などとして扱われ、（おそらく、もぐりの外国人の雇用との扱いを除いては）不法労働の数ある姿のどの分野にも入らない」【原注32】。長距離トラック運転手たちの労働条件を通して明るみに出たこの様相は、移動の現象そのものがこの分野のシステムでは労働者を搾取するための優れた道具となっている。商品の移動はトラックという「作業場《アトリエ》」の移動を強い、当然にも労働者の移動を招く。移動はこの労働の切っても切れない一部であり、しかも雇用者の利益となっている。雇用者はここでも、また他の部門以上にいくつかの大企業の経営者の手に握られた搾取のための変速レバーにすぎない。

働く子どもたちが浮き彫りにする世界経済秩序の第三の要素は、債務である。「債務奴隷とされる子どもたち」の章でわたしたちは、働く子どもたちの無視できない範疇の生活そのものにおける債務の位置を考察した。これらの子ども債務奴隷は債務奴隷とされている家族そのものの一員であるか、債務による奴隷化が社会構成体の構造的要素の一つである地域社会の一員である。債務奴隷というこの奴隷形態のなかでもっとも深刻なことは、世界市場においてその利用が増大していることである。それゆえ、明らかに革命的な出来事でも起きないかぎり、この先数十年間のさらなる拡大は避けられない。一般に農業政策は大土地所有の推進、輸出作物の単作栽培を奨励している。その結果が貧困化と小農民たちの債務の増加である。ただただ生き延びるために追いつめられる農業労働者たちは、安価で柔順な労力で膨れあがる鉱、工業分野に脱出口を求める。鉱山での採掘や石運び、れんが運びから潅漑施設や交通網などの基盤整備《インフラ》のための建設現場が債務奴隷労働者がもっとも多く見られる場所である。しかし、このシステムは労働者に対して一段と権力を増した仲介者たちの新たな雇用活動を介してあらゆる企業に広がっている。仲介者たちの支配力は労働者の募集から給料や住居の手配など企業内での監督にまで広がっているからだ。

斡旋屋《リクルーター》たちの手法について語れば、どうしても昔の奴隷商人の手法について述べることになってしまう。自然環境の大幅な変化によって不安定化させられた部族と債務を抱えた農民が斡旋屋の格好の標的となる。労働者は力ずくで新たな労働の現場まで追い立てられることもある。普通は新たな企業でのよい給料の約束をほのめかすだけで十分である。ひとたび現地に着けば、道具や原材料は買わなくてすむとしても、運賃と住居費は請求される。出発のときの約束とはほど遠い給料しか支払われず、斡旋屋の手下たちの厳しい監視がつく。これらの斡旋屋は資金力のある口利き屋か国際的な職業斡旋業者に組織されていることを見落としてはならない。アジア諸国はその巨大な人口ゆえに数の上では断然多いが、斡旋屋の暗躍はアフリカ、アジアはおろか、中南米諸国にも見られる。最近の労働力の大量移動が、アラブ諸国の大規模な建設現場に向かっているだけに一層増えている。またここ数年、旧ソヴィエト連邦で起きた変化以来の国際マフィアと連携した資本主義システムの発展は、旧ソヴィエト諸国を、西ヨーロッパの豊かな国への移住を果たしなんとしても生き延びようとする労働者たちの溜め池としてしまった。

債務は貧しい国々に限らず、社会構成や文化的環境、国民の歴史的経験によって異なった形態を取りはするが、豊かな国でも社会問題となっている。国民は、より厳密に言えば労働者とくに非正社員の労働者と失業者は万力で両脇から締め上げられているようなものだ。一方からは消費熱を煽りローンを勧める企業の圧力が、もう一方からは直接的には給料を下げて、間接的には（共感をこめて「社会負担」と呼んでいる）社会保険料などの事業者としての社会分担金を減額して（社会分担金は定年後の労働者の購買力をいくらかは保持するものであるのに）、購買力を大きく殺ぐ経営者の圧力が加わっている。ご存じのように資本家たちにとっては金である時間（「時は金なり」）は、債務を銀行と信販会社の冷酷な仕組みに補足できるように管理されている。それはときに数時間の差であっても支払い期日の厳守に情け容赦はなく、給料や諸手当、さまざまな払い戻し金の銀行への振り込みと債務返済の遅延とは連動させられているようなものである。債務問題は、例えばフランスでは政治家たちが、非常に重い債務をかかえた家族がたとえ一時的にでも生き延びるための調停委員会を作る問題をまじめに検討せざるをえなかったほどに深刻である。

子ども債務奴隷は世界的な規模での現象の読み取りができる、またそれがぜひとも必要としている債務の二つの様相にわたしたちの注意を引きつける。一つには、債務から発生する諸問題あるいはそこから派生する状況にまどわされることなく、債務を一度動きはじめれば債権者と債務者の当該者双方の上位に位置する決定機関が止める以外に止まらない仕組みと見定めることが不可欠である。こうすることにより、債務の究極の目的は金銭的利益の増大だけでなく、隷従状況にある人々つまり一部の住民たちの常態化であることが見えてくる。たんなる人道主義的あるいは経済的観点からの問題へのアプローチはなんら解決をもたらさないばかりか、政治的次元のものであるこの仕組みの核心を隠蔽する恐れがある。債務が企業間で、とくにピラミッド状につらなる下請け企業群のなかで、さらには財政当局の金融政策においてどのように系統的に利用されているかを観察すると、考察のための手懸かりがはっきりとしてくる。わたしたちは通貨政策とりわけ金利の管理を債務奴隷制問題の基本的要因と見なさざるをえない。手短に言えば、世界経済秩序における債務の位置を見いださねばならない。通貨政策は金融大国による弱小国全体の隷属化であり、また世界経済の財政機構への隷属化でもある。債務のこのような次元に興味を抱くことはイデオロギッシュな思弁に向かうことではない。児童労働の今日的な搾取の主要にして直接の原因の一つが、短期的景気調整かつ/または構造調整政策にあるからである。

世界的な規模での子ども債務奴隷にわたしたちが読み取ることができる債務の第二の様相は、債務が虚構のうえに成り立っていることである。契約時に示された借金の総額はこの仕組みが動きはじめるきっかけにすぎない。モーターにたとえれば、最初の数回転でモーターは温まり、債権者は子どもから吸い上げる利益で借金を回収しはじめるが、この金額は債権者にとっては取るに足らないものであることを忘れてはならない。債務奴隷の仕組みは、労働者の労役の、しかも債権者の命令に従った労役の義務であるので、債務が消滅した後もなお現にあると債務者の頭に植えつけられた観念に基礎を置いている。債権者はありとあらゆる手管を使って、金利を操作したり、労働条件に直結した費用や雇用者が故意に発生させた出費を要求して債務が現実にまだあると信じ込ませ、また報復に対する恐怖心を煽ったり、ときには労働者の命まで脅かし、見せしめに定期的に実行して、いつか解放もあるという観念さえ砕いてしまう。このような債務の虚構性のうえに、さらに加えて言えば、一般に債権者は自分の利益のために地域社会の富を搾取し、本来は貧しい人々の取り分を強奪して金持ちになった土地所有者か商人である。それゆえ債権者は実際には、盗みによってその保有者となったにすぎない金を貸しているのである。

働く子どもたちを隷従させている債務が虚構であるように、世界の国レベルの債務もまた虚構である。G7（先進7か国）の富の大部分が開発の遅れている国の富の収奪に由来するだけでなく、債務国の富を一年々々強大国に吸い上げる資本移転によって先に投下された資本が気前よく払い戻されたものである。国際貿易上のごまかし、調整政策、債務返済日程の繰り延べの合意は世界的規模でおこなわれるというだけで、その手法は村の高利貸とまったく同じである。その目的は相手を跪かせること、すなわち債務国の隷属化である。返済要求を維持するために、必要とあれば国際的な軍事的威圧、経済的報復の脅しをも厭わない。つまりは虚構にすぎない債務を現実にあると思わせるためである。

企業の発展ための技術開発や設備投資を犠牲にしてでも、金融投機を利益源として特別視する大企業の経営者にかぎって、ますます地域住民をないがしろにして、(小は赤道地帯の森の奥の名も知らぬ小村の社会生活から大は国家間の政治問題まで)社会生活の通常の場面から住民を締め出し、ジェラール・フィロッシュの最近の著作のタイトル『使い捨て労働』【原注33】が示すように人間の労働をたんなる使い捨ての原料にしている現代の経済秩序との合致をこの上なく誇示する。こうして大企業経営者の国際経済・金融戦略に対する責任はもちろん、もっとも「低い」段階の、すなわち地面ぎりぎりにあって目に見えない児童労働など、あらゆる段階でのその影響力の結果に対する責任が見えてくる。これは大企業にいる雇用者たちの働く子どもたちに対する責任ではないのか。たしかに、そうではない。しかし、労働による子どもたちの大規模で情け容赦のない搾取者であることは間違いない。雇用者たちは目を閉じている。彼《か》の人たちにあっては働く子どもたちに投げかけるまなざしはない。

【訳注】

1　魅惑的な歌声で船乗りを惑わし、船を難破させる伝説の人魚。

2　南イタリアで古代ローマ軍が敗れ、結ばされた屈辱的な条件。

第十一章　一人の子どもの手をとりて

わたしたちはしばしば働く子どもたちとともに時間《とき》をすごし、子どもたちのことがより良く理解できるようになった。わたしたちは働く子どもたちだけを見つめたのではなく、働く子どもたちをとりまく環境にもまなざしを向けた。そのことによって子どもたちの数と多様性にも、これらの働く子どもたちと多少なりとも直接的な接触をもっているいくつもの機関にもより強い関心をもてるようになった。

働く子どもたちとともにすごしたこのひとときは一つひとつの行程をたどるひとときでもあった。わたしたちはよほど目を凝らさないと見えない広大な砂漠の一粒の砂のように、小さな一人の子どもの生活の場と労働の場からたどり始めた。そして地球が球体であることが見えはじめる地平線まで進み、英米人なら「グローバルな」と言う世界について考えた。

いま、静かに目を閉じてみると、一つの疑問が浮かんでくる。わたしたち以外にだれも答えられない疑問、わたしの人格の、わたしの心と精神の内奥にあるわたし以外にだれも答えられない疑問が浮かんでくる。あの働く子どもたちへ投げかけるわたしのまなざしはどんなまなざしだろうか。もしわたしがわたし自身のまなざしをここに提示しなかったら、わたしはこの二十年間に出会った働く子どもたちの信頼を失うだけでなく、読者に対しても不誠実と言わざるをえないだろう。よって、働く子どもたちへのわたし自身のまなざしについての考察を、革命的行為としてのまなざしを投げかける行為そのもの、および歴史的道程として捉え返した子どもたちの労働生活という二つの軸を中心にすすめてみたい。

まなざし、一つの革命的行為として

おそらく、わたしのまなざしはわたしが本書で出会った人々のどれかに似ているだろう。ここまでの章で取り上げてきたさまざまな要素も含んでいるだろう。しかしこのまなざしはわたしのまなざしであって、他の人のまなざしではない。それでも、わたし自身のまなざしが確実性を帯びたり、わたしのまなざしが捉えたイメージの有効性について疑問を差し挟んだりしたのは、同じ働く子どもたちに投げかけたにもかかわらず、わたしのまなざしとは違った他の人々のまなざしのお陰でもある。

社会におけるわたしたちの位置や、働く子どもたちとの関係や物事の見方がどうであれ、わたしたちはみな、あの働く子どもたちの背後に共通して在る「なにものか」を予感している。わたしたちは本書を通してその「なにものか」に近づき、見届け、名付けようとしてきた。わたしはそれをとりあえず「児童労働」と名付けたいが、しかし、するとそんなわたしの精神の前には早速、児童労働の何十という定義がひしめきあう。もしその定義の一つひとつが明瞭、簡潔であったのなら、もし現実がはっきりと目に見える身体をもち、衣服をまとい、声も名ももってドアをノックしにくる一人の人間のようにその姿を見せたらいいのだが。しかし、現実はそうではない。むしろ児童労働とは、わたしたちの精神に取り憑いている一種の幽霊ではないか、子どもの頃、ふるえながら聴いた幽霊屋敷のお話に出てくるあの幽霊のようなものではないか。児童労働の撲滅に向けた数限りない政策、条約、行動計画が実行され、今も実行されつづけているのは、どこかで、わたしたちのこの社会現象への取り組みを恐怖心が支配しているからではないのか。まるでわたしたちの考察や言説の回廊から回廊を、しかと目には見えるが掴みどころのない、それゆえに危険な幽霊が彷徨《さまよ》い歩いているかのようだ。児童労働のもっとも容認しがたい形態に関してＩＬＯ国際労働事務局が準備をすすめている新たな条約が示そうとしている意味でも、児童労働はたしかに児童にとって危険であるが、ここでわたしが取り上げようとしているのは別の種類の危険、つまりわたしにとっての危険である。

　子どもたちに出会うたびに、それは搾取―労働なのか、教育―労働、生き延びる―労働、排除―労働なのかと、まるで操り人形となったわたしたちが幽霊に糸で動かされているかのような漠とした不安に襲われるとき、あの子どもたちの顔の背後には見るべきものは何もないと、できるものならわたしたちはそう信じたいのだ。このうえ、わたしは何を知っているのだろうか。わたしたちはいつまでも言葉を交わす。子どもを小学校へやるのは簡単だろう。企業に労働監察官を立ち入らせ法律を守らせたり、国際貿易協定に社会条項を組み込ませたりするのも簡単だろう。製品に認証ラベルをつけさせるのも簡単だろう。わたしたちはそうしてきた。しかし、うまくいっていない。子どもたちは相変わらず仕事に就いている。幽霊は徘徊しつづけ、わたしの恐怖心は払い除けられないでいる。

読者のなかにはすでに、わたしがマルクスの『資本論』に登場するあの幽霊たちを通した思索に読者を誘い込もうとはしていないかと気づかれているお方もおられよう。本来なら、働く子どもたちの顔に新たな光を当てる光源となるこの冒険をあえて試み、そこから「唯一無二の思考」の攻撃に向かい立つ新たな精気を汲み上げることが必要なのだ。わたしがジャック・デリダのあの魅惑的な著作『マルクスの亡霊たち』【原注34】を通して捉え返したものこそ、この冒険の旅への強い誘《いざな》いである。しかし、本章でのわたしの企てはそのような旅を提起することでも、児童労働の理論的分析の視座を定めることでもない。わたしは幽霊という言葉を使って、わたしの誠意の問題として、働く子どもたちの脳裡を夜も昼もけっして離れぬあの、なぜ、なぜ、なぜという疑問に迫りたいと思う。なぜ、なぜこんなにきつい仕事をしなければならないの？　なぜ少し働いて少し学校へ行くことができないの？　なぜ雇っている人たちはあんなにも意地悪なの？　なぜこんなに給料が安いの？　なぜ貧しいぼくたちには社会は不公正なの？　働く子どもたちの口から出る、果てしのないなぜに回答はなく、その謎に答える声もない。ただ、邪悪な力をもった幽霊が自分のまわりに、地域社会に、要するに貧しい人々に取り憑いているとの感覚だけを子どもたちに残してゆく。働く子どもたちの表情のなかにわたしが読み取ろうとしているものこそ、この幽霊である。

ところで、一人の子どもが発したこのなぜは、原価に占める人件費の比率を推し量ったり、一つの製品の製造に占める子どもたちの労働の量を算定したりすることをその任としている専門家の頭のなかと同様、初めのうちはわたしの胸にも響かなかった。このなぜは技術的なものではない。それゆえ、この解答は統計家の顕微鏡の先にも、社会学者のメスの先にもない。愛の次元か政治の次元にあるなぜは、愛や政治が常に人間らしさを生み、新たな人間性を造り出すものであるだけに、元へとはね返ってくる。雇い主の殴打よりも、危険な労働条件よりも、子どもがもっとも恐れているもの、それはコースから外れることだ、勉強のための小学校から、世話をしてもらうための病院から、食べ物を買うための食料品店から、仲間と会うための遊び場から締め出されるように、仕事をもらうための企業から締め出されること、要するにその若々しい力が大きくなることだけを望み、未来へと押し出してくれている生命から締め出されることだ。それは個人としての自己の存在の永続性を守りぬき、また自分が何物であるか《アイデンティティ》を示してくれるのは地域社会の成員たちによる受け入れであるという二重の意味をもった実存から発せられる、なぜ？　である。

わたしの脳裡に取り憑いたこの疑問は、ほんのしばらくでもその手をとって、ともに歩いてみようと心に決めた働く子どもによって呈示された。この心の奥から立ちのぼる疼くような疑問は、ブラジルでも、タンザニアでも、ポルトガルでも、インドネシアでも同じである。わたしがこの疑問を真剣に受けとめなければならないと思うのは、それが働く子どもたちによって呈示されたからであるが（この一面は解答をまとめるのに何にもまして重要であると思うが）、しかし、子どもがまるで友だち同士が共通の気持ちをぶつけあうようにわたしにその疑問を投げかけるのは、子どもが握ったその手にわたしの手を感じたからだけだとわたしは確証しているからでもある。子どもがわたしにこの疑問を発するのは、わたしがわたしなりの解答を返してくれると子どもが知っているからだ。だからこそ、たとえわたしの解答をまとめるのに必要であっても、わたしは『資本論』の諸命題を訳してその子どもに伝えたり、機会に恵まれれば読み返して満足したりしているわけにはゆかない。幽霊について語ることは容易ではないからだ。幽霊屋敷の地下牢を一つひとつめぐる話をしていると、子どもはやがてはしゃぐのをやめ、不安に身をふるわせはじめる。そのときわたしにできる解答は一つしか知らない。幽霊の話をやめて、こう言ってやるのだ、さあ、廊下の端まで一緒に行こう、幽霊なんていないってわかるから、みんなただのお話だったのさ、本当じゃなかったんだ。これが、今日の働く子どもたちの状況だ。小学校をやめてもっと価値のある労働生活の楽しみと、数ペソか数ルピー家に持ち帰る誇りを感じたその後で、子どもは自分があの暗く重苦しくなる一方の苛酷な労働条件のトンネルに入り込んでいるのに気づく。そしてあるとき、もうこのトンネルからは抜け出せないなと呟きはじめる。そのとき、この働く子どもの恐怖心を払い除ける方法はひとつしかない。トンネルの果てまで、ともに歩くことだ。

そこで、認証ラベル万歳、社会条項、NGOのプロジェクト万歳、ILO国際労働事務局やユニセフの行動計画万歳、さまざまな後援活動やバザー万歳と叫べばいいのだろうか。いや、事はそんなに急には運ばない。牛の前に牛車を置くようなことをしてはならない。いま、ここで取り上げているのはこの種の活動ではない。働く子どもとともに歩くとは、飢えた子どもたちに一袋の米を届けたり、読み書きのできない子どもたちに学校を建ててやったり、病気の子どもたちのために病院を建設したりすることとはまったく別のことである。それは、働く子どもの疑問をその子どもに負けないぐらい真剣に受けとめ、それを今日のわたし自身の生活に真剣に置き換え、大人たちの方法でこの大人の世界の行動に参加し、そしてその疑問への回答として、働く子どもたちに子どもに関係する行動に自ら参加するよう提案するという側面をもった一連の姿勢といえよう。具体例としてザファールの物語を取り上げてみよう。ザファールの物語をもってわたしたち、著者と読者は、またわたしたちと働く子どもたちはともに歩きはじめたのだから。

あのザファールの物語には、直接的な行動への移行を促す数々の問題が含まれている。例えば、ザファールの両親の農業労働の賃金を上げる、子どもたちの村での就学を容易にする、子どもたちのパキスタン国境の通過の管理を改善する、らくだレースのジョッキー（騎手）の安全対策を推進するなどなどである。たとえこれらの行動をすべて同時におこなうために資金を投入し、さまざまな機構を動員したとしても、まずうまく行かないことは明らかであるとしても（このことは、行動のどれか一つにわたしが個人として参加することの妥当性が問われるが）、真の問題はここにあるのではない。ザファールが発した訴えははるかに奥深い。ザファールはわたしにこう言っている。ザファールはどの時点においても自分が関わるさまざまな問題への答えを見いだすのに、ともに歩む《パートナー》可能性のあるものとして真剣に扱われることも考慮されることもなかった。両親はアラブ首長国連邦への出発をザファール抜きで決定した。荷物のようにカラチに、次いでアラブ首長国連邦に送られた。召使として雇われることにもジョッキーの仕事に就くことにも、何も意見を言えなかった。その遺体を故郷に戻すときでも最低限の社会的存在《アイデンティティ》の確認すらされず、埋葬までされてしまった。それでもザファールはどんなときも自分に押しつけられるものを拒まなかった。ザファールは未知なるものに不安を覚えながらも、その道程の折々で同意さえしていた。

こうしてヨーロッパで、ザファールとはまったく異なる職能別社会的状況にいて、生活環境もずいぶんかけ離れた国にいるわたしにとって、ザファールの手をとるとは、いったい何を意味するのだろうか。いま、わたしたちは児童労働との出会いによって提起された問題のあらゆるパラメータ【理解の鍵となる要素、要因】が一点に交わるレンズの節点とまさに向き合っている。これはなんとも気詰まりな地点なので、わたしたちはできるものならこの場を離れたい。ところで、わたしたちが耳にする主張にはどんなものがあるのだろう。まず第一の主張は、この問題はあまりに広範で、その要因も政治的、経済的、文化的と多岐にわたるので、歴史の進行と諸国家の発展を通した改善が進むという希望に託す外に何もすることがないというものである。友よ、心静かに眠りたまえ。幽霊どもはいない。第二の主張。各国、各国民にはそれぞれの歴史と文化がある。自分たち以外の「その他の世界《レスト・デュ・モンド》」に自分たちの見解を押しつけるのは西洋人の習性である。このような帝国主義的態度は終わりにしなくてはならない。だから、その解決策は第三世界の国々が考えるのに任そう。第三の主張。危機はもうそこまで来ている。失業の増大、購買力の低下、治安の悪化がヨーロッパの扉をたたいている。われわれの国境を閉じよう、われわれの庭の土を鋤こう、隣で何が起きているかはすぐにもわかることだ。第四の主張。グローバル化（世界化）は情け容赦のない戦争だ。外国、なかでも「南」の国々は移民を通してわれわれの富を占有し、その安い商品でわれわれの商店を溢れさせようとしている。われわれのゲームのルールを守らせよう。世界の主人でありつづけよう。そして最後の主張はもっと巧妙である。さまざまな政策、労働組合、国連あるいは世界銀行などあの凄い「やつ」のことは気にせず、「次元の低い」分野に働きかけることさえ受け入れれば、あなた方には素晴らしい力があるじゃないですか。ほら、三十二ドルでバングラデシュの子ども一人を一年間学校へやれますよ、パスティス【アニスの食前酒】のボトル二本分のお金でスーダンの子ども奴隷一人を買い戻せますよ、コーヒー代を三〜四％余計に支払えばケニアの働く子ども一人を幸せにできますよ。

これが偽りの解決策で効果がないなどと言うつもりは毛頭ない。わたしはただ、ここから浮かび上がる解答がまさしく働く子どもたちがわたしに期待している解答なのだろうかと、気遣っているのだ。

やはり間違いの根本は、わたしがもっていて働く子どもたちがもっていない富や力を基に解答や行動計画を作成しようとすることにある。行動力のこの違いは一つの要素ではあるが、たとえそれが必要不可欠だとしても、その要素を出発点と捉えてはならない。ともに歩む両者に共通するもの、働く子どもたちの状況にもわたしの状況にも共通するものだけが、緊急策においても長期的な計画においても有効な出発点となりうる。

わたしたちのすむ地球というこの限られた空間での政治的、財政的、経済的、社会的な力の絶えざる相互作用が、第三世界の働く子どもたちの劣悪な生活・労働条件を、工業化された国にいるわたしの数十年前には劣悪であったあの生活・労働条件と似て非なるものにしている。しかし、これらの劣悪な条件は同一の現象の二つの側面であり、同じ発展の傾向をもっている。要するに見かけは違っても同一のものである。よく散文的に言われるように、わたしたちは同じガレー船に乗り合わせているのだ。

互いの真の生活・労働条件に発していて、イデオロギーや人道主義的な良心に多少なりとも引きずられた分析に発してはいないこの意識の覚醒こそ、働く子どもたちとともに歩む精神《パートナーシップ》を支える基礎とならねばならない。言葉を換えて言えば、働く子どもたちやわたし自身が呈示した問題を考慮したからといって、なんらかの進歩を期待することはわたしにはできない。わたしはここヨーロッパにいて初めの段階では、グローバル化を形成する傾向や構造との関係においてわたし自身の状況を明確に分析することはなかったが、次の段階では、この状況を通してわたしと働く子どもたちとを結んでいる厳密なつながりを確かめた。たとえわたしが教員であれ、ダンプカーの運転手であれ、アエロスパシアル社の技術者、小さな村の商人、学生、失業者、年金生活者であれ、わたしはあるがままのわたしとして働く子どもたちに出会わなければならないのだ。わたし自身現代の世界秩序の犠牲者であるという点において、わたしは働く子どもたちとの接触をわたしの職業、わたしの社会状況の枠のなかにしっかりと築かねばならないのである。わたしは働く子どもたちの困難さとその闘いを、わたし自身の困難さと闘いに照らして捉え返さなくてはならない。

過日、トゥールーズの児童余暇センターの集まりに参加して、一九九八年の「児童労働に反対するグローバル・マーチ（世界行進）」【あとがき参照】に向けてどのように活動を推進するか議論をした。ジュネーヴに向かう行進が一九九八年の五月にこの町を通るのだ。このとき、子どもたちのためにはきわめて意欲的な児童余暇センターの指導員たちが、一人は失業中で他には何もやることがなく、一人はパート労働の契約しかなく、もう一人はセンターから働いた時間だけ支払いを受けているという。つまり一人も、あるいはほとんど誰も正規の給料をもらっていないし、将来的にも年金基金に加入する可能性もない。この若者たち自身犠牲者であるとの意識の覚醒とこの搾取との闘いがまず何よりもこの自治体の内部で発展することなく、いったい、働く子どもたちの搾取に対する闘いの支援をどのようにして築いていくのだろうか。この指導員たちにとっての真の連帯の基礎とは、若者の活力がやたら昂揚した結果の同情心ではなく、若者のための自治体予算の編成に発言権ももてない、ともに搾取されているこの共通の条件であるのだ。

　それにしても、もしわたしが一方で現代社会における個人あるいは社会集団としての自分の位置を見定め、他方で簡単に言ってしまえば眼前には幽霊しかおらず、わたしと同じように生身の存在としての子どもたちではなく世界の児童労働の搾取の問題だけに取り組んでいるとしたら、わたしはどのようにして対話やパートナーシップを発展させられるだろうか。わたしとともに歩むもの《パートナー》は誰か、対話の相手は誰かをはっきりさせ、わたしがせめて自分自身を把握している程度にはその人を知っていることが実践にはどうしても必要だ。ということは、わたしが一人の働く子どもと接触を保っている、しかもその子どもが自分は誰であるのかわたしに言えて、両者の特質が相通じているかどうか子どもが確かめられるようなやり方で接触を保っていることを意味する。いかに技術が進歩しようとも、わたしたちの通信機器は波長が異なったまま自動的につながるわけではない。連絡をとるまえに少なくとも主要なパラメータだけは確認する必要がある。生きた人間同士となれば、なおさらだ。働く子どもたちの、単なる行動計画への参加だけでなく、問題の表現そのものや、目標の設定、戦略の決定への関与こそが前進のための必要不可欠の条件である。

　実際、両者が互いに連帯を確認しあうこの第一幕こそが、その後分かちあう富の量よりもはるかに重要である。この段階は状況分析と状況を変えるための行動の、調和のとれた効果的な発展のための必要条件である。これはまたパートナー双方がその犠牲となっている圧制と搾取の勢力の中枢と切りむすぶ段階である。現下の新自由主義《ネオ・リベラル》の攻勢の核心は、盛り付けやソースを変えたところで所詮、たった一つの言葉で表現できる、つまり競争力である。世界の発展の鍵は、互いに覇権をかけて争う二つの行為者のあいだの力の均衡《バランス・オブ・パワー》であるらしい。つまり、小さきものや弱きものがこのような状況を受容せず、困難に立ち向かうことは愚かであるようだ。よいではないか、権力あるものには好きにさせておこう。権力あるものは知識もあり、資力もあるから、自分たちの用意した施し物の受取人リストに載るのを待っているのだ。昔なら神の摂理と呼んだこのユートピアは今日その仮面を代え、市場原理と名づけられている。結果はほとんど変わらない。彼らはあらゆる機関のテレビやコンピュータの画面に少数のものの手にある投資利益の増加や大多数の人間の悲惨さの深刻化を数字で表示している。ブレトン・ウッズ体制がくり出す開発戦略は巨大金融機関の立場を強化し、貧しい国々のあらゆる社会を弱体化したと全世界が認めている。富めるものは言う、越えなければならない悪しき一段階だったと。そして貧しいものたちはよりよき日の到来をいつも待っている。

何年にもわたるわたしの職業《プロフェッショナル》人としてのまた活動家としての道程は、圧制に苦しむ人々を解放するための真に効果的な唯一の方法は、解放闘争に取り組むだけの力関係を生み出す圧制に苦しむ人々同士の連帯を作り、強固にすることだという信念に下支えされてきた。このような文脈のなかで、「北」の、かつては強大な植民国で今も「南」の国々の富を強奪しつづけている国の市民としての、それゆえたとえわずかであってもこれらの富を自動的に享受している市民としてのわたしの参加を、どのように捉えたらいいのだろうか。支配的な考え方《イデオロギー》では、連帯の表現としての共有、つまりわたしが所有している物の一部をとって、それを自分よりも不幸な人に与えることとしかわたしに示してくれない。さまざまな社会団体、称賛すべき政府の計画、支援に値する慈善団体や人道援助組織のプロジェクトがもたらす数限りない提案をここに並べる必要はないだろう。わたしたちの郵便受けはそんなメールでいつも定期的に一杯になっている。このような道筋の先で、いつか「人道的介入の権利」を認めてしまうことになったりはしないのだろうか【訳注1】。その昔、宣教師の一団は大変な苦労を重ねて、異教の闇の地に光をもたらしたが、その足跡はすぐに商人と軍隊に踏みしめられた。今日では人道援助組織が切り拓いた道に穀物多国籍企業と戦車が殺到している。誤りは、相手よりも多くの資力があることを過小評価して、わたしは君がもっていないものを君と共有したいなどと、異なる資力の差のうえに連帯を築こうとすることである。それこそ、幻想である。

わたし個人の体験で言えば、これらの幻想を吹き飛ばしてくれたのが働く子どもたちとの出会いである。本書の冒頭に戻って、スリランカのれんが工場で働く子どもたちとともにすごしたひとときの描写に目を通し、隕石によって大人の西洋人の堅い甲羅に穿たれたクレーターのような傷の、子どもたちと出会ったときの、鉄鈷《かなとこ》に寸分の乱れもなく打ち下ろされるハンマーのように何年もくり返されるあのショックの影響を想像してみていただきたい。秤の一方の皿に（非識字率、貧困、低収入などの）生活環境のものすごい圧力と照合されるあの子どもたちの努力の質とひたむきさを置き、もう一方の皿にわたしがわたし自身の生活環境の困難さと比較して評価されるわたし自身の活動を置けば、より豊かなのは子どもたちのほうであるのは一目瞭然である。問題は、わたしが子どもたちに何をもたらすかでも、どのようにもたらすかでもなく、わたしがいかにして子どもたちの取り組みのレベル、連帯と情熱と希望のレベルまで自分を高められるかである。要するにわたしには力量があるのだろうかと自問しないではいられない。ところが、まさにわたしはわたし自身の生活環境に関わる闘い、つまりは大人の世界の闘いにより積極的に取り組む限りにおいてしか、より大きな力量をもちえないのだ。

この意味で、わたしが働く子どもたちに投げかけるまなざしは、革命的である。このまなざしは働く子どもたちとのわたしの関係システムを逆転し、と同時にわたし自身の生活に一大転換を生むプロセスを起動させるからだ。このまなざしが革命的であるのは、子どもたちがその犠牲となっている容認しがたい搾取を見て心の奥から沸き上がる怒りが（より高い価値あるものへと移行し）変化させられるからだ。つまりわたしは、子どもたちによって新たな目標にその憤怒を集中させられるのである。わたしの怒りは、そして怒りが引き出した行動は、作業時程、低賃金、非衛生、事故などに向いていた。ところが働く子どもたちがわたしに語るのは、子どもたちの職業資格の認定とか、その経験についてであったり、自分たちの企業の展開に対する意見を言いたいとか、自分たちの品位を尊重してもらいたいとかである。子どもたちはわたしの怒りの原因となっている諸々のことについては脇に退けておいてほしいのではなく、それらを通して自分たちには何にもまして重要と思える事柄の価値を点検してもらいたいのだ。だからこそ、これら新しきともに歩むもの《パートナー》たちとともに行動するだけの力量を得るとは、ビラやデモ行進、その他の活動の数を増やすことではなく、これらの活動を通して情勢分析をなお一層精密に成し遂げ、労働者としての尊厳にもっとも深いかかわりのあるものを見極めることである。

もしわたしがこの決まりを守ったら、（もうこれ以上何も見ないために目を閉じるのでない限り、いまさら働く子どもたちをパートナーではなく恩恵の受け手と見なすなんてことができようか？）わたしの働く子どもたちとの出会いもまた、働く子どもたちにとっては革命的行為となる。例えば、働く子どもたちはスリランカの小さな村の小さな企業の問題と闘っていると信じていた。しかしこの子どもたちは非常に大きな国際的な行動に巻き込まれていた。子どもたちは自分たちの連帯は七、八人の仲間だけで尽きてしまったと信じていたが、その連帯は海を越え、別の大陸へも突き進んでいる。子どもたちは新たなれんが工場を建設することを夢みていたが、今や新しい世界が話題になっている。いや、わたしは演説を美しく終えようと大げさなことを並べ立てているのではない。あの働く子どもたちの苦難と搾取と蔑《さげす》みを生んでいる現実は、一人の雇用者の悪意によるものでも、一つの家族の悲惨さによるものでも、一つの政府の腐敗によるものでもない。働く子どもの汗を一滴も漏らさず集めているものこそ、世界秩序である。そして働く子どもたちだけでなく、あらゆる富が大資本の札入れであるダナイデスの甕《かめ》【訳注2】に注がれている。一九九七年十月、五千五百億フラン【約十兆円】がパリ証券取引所で投機家たちの策略で「煙」と消えた【訳注3】。働く子どもたちが反撃をはじめているこの世界は宙に漂う観念でも、蜃気楼でもない。この世界は数字に置き換えられる。働く子どもたちがその礎石として置くものはスローガンではない。それは住居であり、保護センター、みんなのための学校、学校の食堂、運動場、保養施設、ヴァカンスの割り引き運賃、再教育のための手当などと呼ばれるものだ。

本節を終えるにはやはり先に引用したジャック・デリダの著作の銘句を引くしかないだろう。デリダはわたしたちを亡霊たちの世界に引き入れ、時空の限界を超えた哲学的省察の高みに持ち上げようとして、南アフリカの活動家クリス・ハニの暗殺を想起する【訳注4】。「その死と同じくらい独特の、一人の人間の生はいつも、象徴とは異なるパラダイム【一つの時代の科学的な物の見方の枠組み】以上のものとなる。しかもそれはそれ固有の名を与えられよう」【原注35】。働く子どもたちは一人ひとりが固有の名をもっている。

労働、歴史的道程として

わたしは本章の始めで、働く子どもたちを見つめていると、わたしたちを急き立てているように感じるあの疑問、子どもたちのまわりを彷徨《さまよ》い、やむなく児童労働と呼ぶことにしたあの幽霊はどんなものなのだろうという疑問について語った。働く子どもたちとの連帯を真剣に考える限りにおいてわたしたちは、児童労働が革命的行為であること、人々と社会関係とそしてついには現代の世界秩序を変える行為であることを見いだした。そして、子どもたちとともに歩むこととは別の労働の一側面がある、それが歴史の中心的現実としての労働である。たしかに、革命の概念から説き起こした論理的考察によるある種の定義から始めることはできるし、例えばマルクスの著作をひもといてそのような定義が理論的全体のなかにすでに整理され、位置づけられているのを見いだすこともできる。しかし、わたしがここで提起したいのはそれではない。わたしは歴史的道程という問題で働く子どもたちがわたしたちに語るものに耳を傾けることは、絶対的に必要ではなくとも、少なくとも新たな光を当ててくれると信じる。

働く子どもとその仕事について話しあうと、子どもはその全歴史を語りはじめる。つまりその子ども個人の歴史である。具体例としてその一日を聞いてみよう。例えば第二章で紹介したインド南部の茶の大農園《プランテーション》で働く小さな少女ラディカのことを考えてみよう。ラディカは自分の仕事の説明をするのに、日の出の二時間前に何をしたかから話しはじめる。実際、食事の用意、水汲み、これらは大農園での労働の一部ではない。茶産業で働く子どもたちの位置を研究している専門家としてわたしはこれらに詳しく触れる必要はない。しかしラディカにとって、この朝の行動は自分の仕事と直接に結びついている。ついで、大農園での仕事の話になるまえに家から仕事場までの行程の説明になる。それも距離や時間の問題ではなく、地理の話だ。それから気象条件の話に移る。ラディカが朝、今朝でも、昨日の朝でも農園に通う途中でも何を考えていたかを語っても、こんなには時間を要しないのではないだろうか。どんなに悲しみをこらえていても、どんなに怒りを隠していても、どんなに夢を秘めていても、すべては大農園での労働のためである。農園での作業の話になるまえに、すでにずいぶん長い話がある。わたしたちはまだ労働条件も、労働環境も、一九九七年の茶産業で働く児童の計量経済学の調査用紙に記入する二十か三十のパラメータも聞き取っていない。ラディカの一日の一つひとつの行動は、農園にいようといまいと、この農園の労働の支配下にあり、この労働の計画に従って計算され、組織されている。要するにラディカの労働はラディカの毎日の歴史の中心なのだ。

ラディカの労働は女性労働者としてのラディカの歴史の中心にある。経歴《キャリア》という言葉を労働者のある範疇だけに限定して使用したいという悲しい習性がないなら、それはラディカの経歴の中心にあると言うべきだろう。労働の前か後の、末梢的な活動が女性労働者としてのラディカの歴史の（物質の、全体の構成要素という意味で）本質的な要素である。そしてわたしがラディカに今日何をしたか話してほしいと言うと、ラディカはわたしの想定している一日の枠をはみ出し、それを何年にも、生まれてからの一生にも広げてしまう。ラディカのしている家事は、給料の一部を失い、女性労働者としての社会的イメージにマイナスの影響を与えかねないほどに、大農園での労働を凌ぐことさえある。その家事労働はいずれはラディカの夢、大農園でフルタイムの労働者になるという夢の実現の障害となる恐れもある。

話がすすんで、なぜ家からあんなに遠く離れた仕事場を選んだかと聞くと、ラディカは時を遡り、歴史を逆にたどって、インドの国史を語りはじめる。自分の部族がもともとは森で狩猟と採集で暮らしていた時代、政府の土地政策、住民の移住について話す。一言で言えば、ラディカは自国インドの歴史を物語っている。イギリス植民地権力からの独立にはじまり世界の強国としてインドが認知されるまでの歴史である。

子どもとしてのラディカの労働はラディカの歴史の中心にあり、ラディカの家族的、地域的、文化的、経済的、政治的分化を解き明かす。ラディカの労働はまるで、患者の体内に投与してX線透視装置かCTスキャナーで追跡するための化学物質のようだ。ラディカの労働はラディカの一日のどんなにささいな出来事も、仕草も、発言も、感情も、考えも夢も、もちろん家族、村、部族、大農園の男女の労働者たち、商人などとの関係も色づける。ラディカの労働がどれほど社会構成の歴史、地域社会の人間形成と関わっているか説明する必要があるなら、例えばラディカの母親がからだが動かなかったら、あるいはラディカが部族の一員ではなく別のカーストか支配的な社会階級に属していたら、それとも山奥でなく町に暮らしていたら、何が変わっただろうかと考えてみるだけで十分であろう。

子どもをスナップ写真に閉じ込めるのではなく、子どもをその子どものまさに生命である動きのなかで観察するのでなくては、また子どもをその子どもの歴史である道程に、さらにはその子どもの地域社会と地域の人々の道程に子どもが占める位置に応じて定義しなくては、一人の子どもの労働が何であるかにアプローチすることはできない。もう一度言うが、わたしはラディィカや働く子どもたちの人生から命題を抽出するための要因を求めているのではない。わたしはラディィカの話を何一つ聞き漏らさないように、ラディィカが現実がもっとよく見えるようにとわたしに勧めてくれた投光器を使い切ろうとしているのだ。その、現代の世界秩序たる現実のなかにわたしたち、ラディィカとわたし、働く子どもたちとわたしたちが、身をひたしているのだから。

ラディィカと、ラディィカを含めたすべての働く子どもたちは、わたしが働く子どもたちの手をとってしばし道を歩こうと決めたときから、自分たちが生きている世界についての情報をわたしたちに伝えてくれているだけではない。つまり働く子どもたちの労働を行程として、歴史として、道程として見つめることに働く子どもたちと合意したときから、働く子どもたちはわたしにこう疑問を投げている。ぼく（わたし）たち、どこへ行くの？　この道を行けばどんなところに着くの？　ぼく（わたし）のあしたはどうなっているの？　ラディィカはこの疑問に自分の答えをもっているが、わたし自身の回答をまっている。ラディィカの道程の果てに何があるか、ラディィカの未来はどうなっているのか。問題は常に、来る日も来る日も目の前にある。ラディィカの頭のなかにも、心にも。ラディィカはやはり自分の仕事との相関関係で答える。もしすべてがうまくいったら、わたし、大農園のフルタイムの労働者になるわ。ラディィカは自分の歴史よりも、つまりは茶産業の歴史よりもはるかに広大な歴史のなかに位置づけられていることを改めて指摘したい。未来へ向けた保有可能な基準としてラディカが手にできる唯一の媒介物《ベクター》は、ラディカが今日嵌め込まれている労働であるからだ。要するに、ラディカは、ラディカ個人の活動と茶産業を通した世界経済秩序との関係を確立し、今日の自分の労働とこの世界秩序が明日差し出す労働・生活条件との関係を確立することで、自分の今日の少女労働者としての生活を明日の労力の形成の場と見なしている。

それでも、ラディカがけっしてわたしに語ろうとしないこと（そしてわたしのほうこそラディカに言う道徳上の義務があること）、それは見かけは別にして、ラディカの今日の生活と大農園での労働を組織しているのはラディカではなく、茶の生産と国際取引を通してあの世界秩序を牛耳っている人々、あるいは土地政策を通してインドその他の国の住民たちを操っている人々のことである。そして明日、ラディカの生活を決めるのもあの人々である。ラディカを、子どもたちを働かせ、逃げようにも逃げられない条件下で働かせている、あの大いなる決定者たちはラディカや子どもたちを不安定にし、この不安定に慣れさせ、不安定な労働者として鍛えている。企業の内であろうが外であろうが、働く子どもは細かく分けられた仕事に就かされ、仲間の労働者とも離され、競争させられることもある。ラディカは大農園の細々とした仕事と細々とした家事をこなしている。ラディカの存在を決定している者たちがラディカを労働に由来する諸権利をもった本物の女性労働者と認めることを拒んでいるのは、細々とした仕事しかできないんだからと言いながら押しつけているこの労働に原因がある。ラディカは自分は悪い労働者だと言う。雇い主からは十分に働いてないと言われ、父親からは稼ぎが足りないと言われる。ラディカの道程はどこに向かっているのか。誰が知ろう。どこにもゆかないか、どこにでもゆくのか。軽すぎて風の吹くままにふらふらと、時間をかけてゆっくりと地面に舞い落ちる木の葉をイメージさせるような、おぼつかない道筋なのだろう。ラディカの明日だって？大農園の女性労働者か、大規模建設現場の作業員か、移民の家政婦か、裕福な国の絶えず揺れる冷たい法律のもと滞在許可証もなく右往左往する市民かはともかく、ラディカは「労働力」、「人的資源」でしかなく、あらゆる仕事を押しつけられ、あらゆる搾取にさらされるたんなる「使い捨て労力」でしかない。

もはやわたしは、ラディカをにぎりしめるこの指をゆるめ、自由にしてやるほかない。ともにひときをすごした働く子どもたちの手を、わたしはいま離そうと思う。働く子どもたちはけっして甘美ではない明日に向かって旅をつづける。わたしはわたしの任務、おそらくわたしの闘いに戻る。さて、子どもたちとわたしとの間に横たわる沈黙を埋めるのに十分に強く鳴り響く言葉はあるだろうか。働く子どもたちに、いったいどんな言葉を与えたら、働く子どもたちの重しとなり、その道程が確固とするだろうか。マルクスが言う「ドンキホーテ的博愛主義」とはならぬ、その道程にぴったりの言葉。「ノー」だ、わたしは子どもたちの記憶と血肉のなかに、できるものならこの「ノー」の一言を押し込んでやりたい。ノーと言うことを知る。あえてノーと言う。否定と拒絶の意味を理解し、抵抗の美味を賞味する。不服従の楽しみを味わう。反逆の火焰を夢見るのだ。かつてアンファン（子ども）は「口をきかない」を意味した。つい最近までは、既成の秩序をよくわきまえて柔順でいることを求めていた。しかし『国連子どもの権利条約』は子どもたちに発言する権利を認めた。働く子どもたちに君たちはノーと言う権利があると告げなければならない。一九九七年十月末に開かれたオスロ国際会議は児童労働の搾取と闘うために教育に力を入れると宣言した。その通りだ、働く子どもたちの教育ほど緊急で重要なものはない。だが、どんな教育でもよいわけではない。教育する（エデュケ）つまり、ラテン語のエ・デュセレとは、外へ連れ出すという意味である。今もこれからも、不公正で強情この上ない現代秩序が強要する「カウディナの隘路」を通るために腰をかがめる以外どんな代替策《オルタナティブ》も提示してもらえない働く子どもたちにとって、教育するとは、服従の文化の外へ連れ出し、抵抗の文化へ入ることを意味する。

気をつけろ。危険だぞ！　働く子どもたちはわたしにこう尋き返す恐れがある。それで、あんたはこの既成の秩序の協力者《コラボ》なの？　それとも抵抗する側の人なの？

【訳注】

1　ソマリア内戦による飢餓と大量の難民発生に対処するために、「第二次国連ソマリア活動」では国連主導の「人道のための介入」を目的とした武力行使がなされた。また「コソボ自治州でのセルビア当局によるアルバニア系住人への弾圧」に対して、一九九九年三月には北大西洋条約機構（ＮＡＴＯ）軍が「人道的介入」を掲げて、ユーゴを空爆した。

2　罰を受けて地獄に落ちたダナイデスの娘たちが水を汲まされた穴の空いた容器。決して満つることのない欲望。

3　タイ通貨バーツの危機に端を発したアジアの通貨動揺は香港に飛び火し、ニューヨーク株式市場での株価暴落、世界同時株安へと発展した。

4　黒人解放組織『アフリカ民族会議』（ＡＮＣ）全国執行委員、南アフリカ共産党書記長クリス・ハニ（五十歳）は

第十一章　一人の子どもの手をとりて

一九九三年四月十日、ヨハネスブルグ郊外の自宅で射殺された。逮捕された容疑者は徹底的な反共主義者のポーランド系白人男性で、白人極右組織『アフリカーナー抵抗運動』の「元会員」である。ハニはマンデラＡＮＣ議長につぐ解放闘争の象徴的存在、黒人への参政権付与をふくむ新憲法制定交渉が再開されたばかりの、南アフリカ共和国誕生に向かう暁闇のなかの暗殺である。

原注

第一章　ザファール　移民の働くこども

1　わたしはすでにこの物語の一部を *Cultures et Foi*, Lyon, n° 124, 1988に公表している。

第三章　働く子どもたちの主要形態

2　A. Bouhdiba, *L'exploitation du travail des enfants*, New York, Nations Unies, 1982.

3　ＩＬＯとＩＰＥＣの協力の下、一九九六年十二月におこなわれた調査研究《Child labour in the Football Manufacturing Industry》, Directorate of Labour Welfare, Panjab による。

第四章　子どもたち、親たち、雇用者の戦略

4　C. Brisset, *Un monde qui dévore ses enfants*, Liana Levi, Paris, 1997. クレール・ブリセ著、堀田一陽訳『子どもを貪り食う世界』（社会評論社、一九九八年）

第五章　家族の論理、企業の論理

5　サミール・アミンが著した明快な総論《Capitalisme, Impérialisme, Mondialisation》, in *Recherches Internationales,* n°48, Paris, 1997 を参照されたい。

6　G. De Bernis,《Du travail... quel travail ?》, in *Cahiers de Meylan*, 1980, p.33.

7　わたしは個人的に当地方における絨毯製造の現地調査をおこなったが、資料は出典によってずいぶん差がある。ここに示した数値は平均値である。本問題については、文献目録も含め《Is child labour really necessary in India's carpet industry ?》, par D. Levison, R. Anker, S. Ashraf et S. Barge, *Labour Market Paper*, n°15, BIT, Genève, 1996 に見事な概観が示されている。

またフランス語では Mihini Gulrajani,《Travail des enfants et secteur de l'exportation. Une étude cas: l'industrie du tapis indien》, in *L'enfant exploité,* sous la direction de Bernard Schlemmer, Editions Karthala, Paris, 1996, pp.67-86 参照。

8　Gérard Mendel, *Pour une autre société,* Payot, Paris, 1975, p.29.

第六章　各国政府の政策

9　Jean-Maurice Derrien, *L'inspection du travail et l'élaboration d'une politique relative au travail des enfants. Guide de formation,* BIT, Genève, 1993 ; Catherine Boidin, *L'inspection du travail et l'élaboration d'une politique relative au travail des enfants. L'enfant au travail : approche psychologique,* BIT, Genève, 1994.

10　《Les syndicats et l'Afrique》, numéro spécial de *Aujourd'hui l'Afrique,* Paris, décembre 1995.

11　Gérard Filoche, *Le travail jetable,* Ramsay, Paris, 1997, p.304.

第七章　普通の人々

12　拙稿 *Sud/Nord : folies et cultures,* Erès, France, nº 41995, pp.229-240 参照。

13　本問題については優れた状況報告書 Janet Hilowitz, *Labelling child labour products,* BIT, Genève, 1997 がある。

14　*Sud-Nord. Nouvelles alliances pour la dignité du travail,* Actes de la conférence de Pise, octobre 1995, Centro Nouvo Modello di Sviluppo, CETIM, Genève, 1996. *Mondialisation et Droits Sociaux. La clause sociale en débat,* Denis Horman, GRESEA, Bruxelles, 1997.

15　*La situation des enfants dans le monde 1997,* UNICEF.『世界子供白書　一九九七年』(ユニセフ)

第八章　統計

16　*Child labour surveys,* BIT, Genève, 1996, p.1.

17　《Le travail des enfants au Royaume-Uni》 par S. Hobbs, S. Lindsay et J. McKennie in *L'enfant exploité,* op. cit., pp.215-222 および《L'emploi des enfants sur le marché capitaliste. Une étude de cas réalisée en Grande-Bretagne》 par M. Lavalette in *L'enfant exploité,* op. cit., pp.291-310 を参照されたい。

18　La Bible, Exode, chapitres 1 et 3.

19　*Le travail des enfants, l'intolérable en point de mire,* BIT, Genève, p.8.

20　*Le travail des enfants : que faire ?,* ITM/3/1996, p.6.

21　*By the sweat and toil of children. The use of child labor in american imports,* U.S. Department of Labor, Washington, 1994, p.2.

22　*La situation des enfants dans le monde 1994,* UNICEF.『世界子供白書　一九九四年』(ユニセフ)

第九章　債務奴隷とされる子どもたち

23　一九八九年にパリで催された歴史家による奴隷制度に関するシンポジウムには、わたしも協力したが、本節ではその後に公刊された議事録 *Esclavage, colonisation, libérations nationales*, Editions L'Harmattan, Paris, 1990 を利用した。

24　Yann Moulier Boutang, 《Une forme contemporaine de salariat bridé》, in *Les lois de l'inhospitalité*, D. Fassin, A. Morice, C. Quiminal, La Découverte, Paris 1997, p.131.

25　Christian Geffray, *Chroniques de la servitude en Amazonie brésilienne*, Editions Karthala, Paris, 1995.

26　一九九四年パリで、ＯＲＳＴＯＭ（海外科学技術研究局）による、児童労働に関するシンポジウムが催されたが、本節では、わたしもその開催に協力したこのシンポジウムの議事録 B.Schlemmer, *L'enfant exploité*, Editions Karthala, Paris, 1996 の抜粋を利用した。

27　《23 children rescued from bondage》, *The Stateman*, Delhi, January 26, 1996.

第十章　大企業

28　使用者代表 M. Katz の発言。 *Le travail des enfants : que faire ?* op. cit., p.5.

29　《La fabrique sociale》 présenté dans *Page 2,* n°5, octobre 1996.

30　R. Petrella, 《Tous intérimaires flexibles ?》 dans *Page 2,* n°4, septembre 1996, p.6.

31　本問題については、きわめて明快で今日的な意義のある著作 *Les lois de l'inhospitalité,* sous la direction de D. Fassin, A. Morice et C. Quiminal, La Découverte, Paris, 1997 を参照されたい。

32　C.-V. Marie, 《A quoi sert l'emploi des étrangers ?》, dans *Les lois de l'inhospitalité,* op. cit., p.163.

33　*Le travail jetable,* op. cit.

第十一章　一人の子どもの手をとりて

34　J. Derrida, *Spectres de Marx*, Galilée, Paris, 1993.

35　*Spectres de Marx*, op. cit., p.11.

訳者あとがき

「わたしは二十五年間に五つの大陸を歩いてきましたが、働く不幸な子どもたちよりももっと多くの働く幸せな子どもたちに出会いました。子どもたちは働くことに誇りをもち、たった一つの恐れを抱いています、仕事を失う恐れです。もちろん、子どもたちは労働条件をもっと厳しくないものにしてほしい、もう少し多く稼ぎたいと思っています。実際、それは普通の労働者の要求そのものです」

「児童労働に反対するグローバル・マーチ（世界行進）」を展開中に『リヨン・カピタル』紙（一九九八年五月二〇―二六日）のインタビューに答えるボネ氏の言葉である。

世界で二億五千万人の子どもたちが働いているとよく言われる。ＩＬＯ（国際労働機関）の表現を借りれば、「ＩＬＯ国際労働事務局は今日、開発途上国だけで五歳から十四歳までの子ども少なくとも一億二千万人が労働を強制され、これに労働を第二の主たる活動としている子どもを加えれば、その数は二倍（約二億五千万人）になると推計している」。しかし、わたしたちは本当にそのような働く子どもたちを見ているのだろうか、一人の働く子どもの顔を見いだすとは、一人の働く子どもを本当に発見するとはどういうことなのだろうか、とボネ氏は本書で問いかけている。児童労働の本当の姿を見るためには、旅に出て、働く子どもたちと直にふれあう機会をもつに勝るものはない、だからわたしたちはわが子と散歩でもするように、あの働く子どもたちの何人かとともに歩いてみる必要があるようだと、さまざまな姿をした働く子どもたちを本書に直接登場させる。

働く子どもたちの生きた多様性に、まずは注目してほしいのだ。

インド、デリーから車で二時間ほどの小さな町ギュルガオンで、五歳の砕石工バリュは十一月の夜明け前の湿った寒気をまぎらそうと貧弱なたき火に手をかざす。炎天下、干し草とこねてクッキー状にし、日干しして燃料にするために、道路で牛糞を集めていたバブは十歳、あるいはインドのシリコンバレーとも呼ばれる近代的な大都市バンガロールで、くず拾いサライ、十二歳の少年は児童指導員に秤の見方を習った。「すっかり変わったよ。紙やくず鉄を売るとき、ぼくは秤の針がどこにあるか、ちゃんと見るからね、もうぼくをだませないよ」。そしてコロンボ郊外の小さな町で、国連主導の子どもの権利条約の意識化運動の子ども集会を抜け出し、れんが工場の機械を自分たちだけで動かしてみせたスリランカの、十五歳を頭《かしら》にしたれんが工たちは言う、「国連に、働きたがっている子どもたちを工場から追い出してはいけないって法律が必要だって言ってよ。それにもう一つ、働いているときでも少しは勉強ができる法律が必要だ、ともね」。

＊＊＊

本書は、Michel Bonnet : Regards sur les enfants travailleurs, La mise au travail des enfants dans le monde contemporain, Analyse et études de cas (Editions Page deux, Lausanne, 1998)（『働く子どもたちへのまなざし——現代世界における子どもの就労——その分析と事例研究』、パージュ・ドゥ社、ローザンヌ、一九九八年）の全訳である。英語版はロンドンのNLB-Verso社から近刊予定とのことである。

著者のミシェル・ボネ氏は一九三四年五月、フランス中央山地（マシーフ・サントラル）の南西麓にあるローマ時代からの古い都市アルビに生まれた。哲学、神学、社会科学を修め、一九六一年、『パリ外国宣教会』のカトリックの司祭として来日。東京、六本木の語学スクールで日本語を学んだ後、一九六三〜七〇年、北九州市小倉、戸畑、若松の教会で司祭を務め、『カトリック運動の子ども会』の設立、『日本語版 カトリック要理』の出版などをしている。つまりボネ氏は労働者とともに労働生活を送りながら布教活動をつづける司祭、労働司祭としてのキャリアを日本の九州から始めた。一九七〇〜八二年には北九州市の建設会社、丸一建設株式会社で足場組み人夫（とび職人）として働き、同市で『キリスト者労働運動』世話人を務めている。

一九八四〜八七年には、児童労働の搾取に反対するアジアのNGOの連絡調整機関『アジアの子ども労働者（CWA）』を創設。事務局をバンコクに置き、季刊誌を発行する。一九八七年には児童援助団体『国際児童防衛（DEI）』の働く子ども部門をジュネーヴに開設。一九八八〜八九年、南アジアにおける「子ども債務奴隷」に関する調査の責任者を務め、インドのデリーで国際セミナーを組織、インドのNGO『児童の債務奴隷に反対する南アジア連合（SACCS）』の設立に参画する。

一九九〇〜九一年には、フランス、セーヌ＝サン＝ドニ県評議会の十〜十二歳の子どものための施策作成専門官を務める。同県はパリ北東にあり、パリ首都圏を構成する工業地域である。

一九九一〜九六年は、ILO国際労働事務局の専門官として、IPEC《アイペック》（児童労働撲滅国際計画）を担当。アフリカ地域の国際計画の統括責任者、児童の債務奴隷に反対するプログラムの責任者を務める。一九九七年以降は、ILO国際労働事務局児童債務奴隷問題顧問。

一九九八年、「児童労働に反対するグローバル・マーチ」フランス側統括責任者。

一九九九〜二〇〇〇年は、農村部における少女たちのためのプログラムを推進するためのモロッコ『子どもの権利監視全国センター（ONDE）』顧問。

本書は「常に闘いの現地に立つ活動家にして、ILO国際労働事務局の専門官」、「反児童労働の疲れを知らぬ闘士」（『ル・モンド』紙）ボネ氏が、その豊富な体験をもとに働く子どもたちの現実と働く子どもたちにまなざしを向ける人々の直面する問題を縦横に語ったものである。最終章では、働く子どもたちに向ける「わたしの」まなざしの意味を考察する。そして「むしろ児童労働とは、わたしたちの精神に取り憑いている一種の幽霊ではないか、子どもの頃、ふるえながら聴いた幽霊屋敷のお話に出てくるあの幽霊のようなものではないか」（本文二〇七ページ）と、ジャック・デリダがマルクスの『資本論』に登場する幽霊を借りて論じたのにならって、「わたしのまなざし」と「働く子どもたちのまなざし」を論じている。デリダとは〝階層秩序的二項対立の脱構築〟のあのデリダであるが、それはあまり気にせず、ボネ氏の不思議な魅力にみちた思索の道程をたどっていただければよいと思う。児童労働という幽霊ではなく、あなたにとっての一人の働く子どもとの出会いがあれば、と訳者としては願っているのだが……。

＊＊＊

ジュネーヴ、一九九八年六月二日、三五〇人の「児童労働に反対するグローバル・マーチ（世界行進）」参加者がＩＬＯ総会開会式の会場に招きいれられた。壇上には世界各地から行進に参加した働く子どもたちが上がった。アジア、南アメリカ、アフリカを出発した三隊の行進は、百七か国のＮＧＯを始めとする一千四百の団体の支援をうけ、八万キロの行程をへて、ＩＬＯ本部のある、ここジュネーヴに集結したのである。

グローバル・マーチの目的は、「あらゆる子どもの権利を守り、向上させるための世界的規模の奮起を促す」ことである。マーチでイニシアティブを発揮したのはインドのＮＧＯ『児童の債務奴隷に反対する南アジア連合（ＳＡＣＣＳ）』率いる連合組織である。ＳＡＣＣＳは本書にも登場するカイラシュ・サティヤルティ氏（ケネディ人権賞受賞）が議長を務めるＮＧＯで、「ムクティ・アシュラム（自由な隠れ家）」を運営し、不法監禁されている子ども奴隷を救出し、社会復帰のための教育訓練をおこなっている。マーチの実行委員長はＩＬＯ国際労働事務局元パリ事務局長ヤニック・サンブロン氏、マーチの国際運営委員会事務局は、ＳＡＣＣＳに置かれた。

一九九八年一月十七日、マーチの第一隊がフィリピン、マニラを出発し、アジア（ベトナム、カンボジア、タイ、マレーシア、シンガポール、バングラデシュ、ネパール、インド、パキスタン、イラン、トルコ）を西進した。第二隊は二月二十五日ブラジル、サンパウロを出発、中南米を行進し、その「分隊」はアメリカ合衆国にも入った。

第三隊は三月二十一日、ネルソン・マンデラ南アフリカ共和国初代大統領の祝福を受けた九人の子どもたちが、二十一のNGOの活動家たちに伴われてケープタウンを出発。バスや列車を乗り継いで、アフリカを北上、モロッコ、アルジェリア、チュニジアなどのアフリカ北西部、スペイン、ポルトガルをへて五月にはフランスに入った。トゥールーズ、ポワティエを後にした行進は二十二日フランス西部の都市ラ・ロシェルでジョスパン首相に、翌二十三日にはパリでシラク大統領に迎えられた。二十七日にはリヨンに。その後、最終目的地ジュネーヴに向かい、三十日サンパウロとマニラを発った別の二隊の行進と合流した。

マーチは各地で「搾取、ノン、ノン、ノン、教育、ウィ、ウィ、ウィ」のスローガンを数か国語で叫びながら行進し、イベントをくり返しながら若者たちとの交流をはかった。（表紙写真はILO総会式場にむけ、横断幕をかかげて行進する働く子どもたち。手前、中央がSACCSのサティヤルティ氏である）。

こうして働く子どもたち、若者たちの注視のなか、ILO第八十六回総会は六月十八日までに、児童労働を第一次討議に付し、「最悪の形態の児童労働の禁止並びに即時廃絶」に関する新条約と勧告の策定交渉を完了し、その採択をめざすこととなった。翌九九年六月の第八十七回総会は、第二次討議を経て、一九七三年に採択され現在までに五十五か国が批准している『就業の最低年齢に関する条約』一三八号及び第一四六号勧告を補足する『最悪の形態の児童労働の禁止及び廃絶のための即時行動に関する条約』（第一八二号）と勧告（第一九〇号）を全会一致で採択した。

ＩＬＯは条約一八二号の国際批准キャンペーンに乗り出すと表明した。その効果が目に見えるほどのものになるかどうかは国際社会の今後の取り組みにかかっている。「児童労働に反対するグローバル・マーチ」はＩＬＯ本部ビルの裏庭に「From Exploitation to Education（搾取から教育へ）」と刻まれた記念碑ひとつを残しただけで終わったとしては断じてならない。

クンダプール宣言第十条「ぼくたちわたしたちは、ぼくたちわたしたちの労働を搾取することに反対しますが、ぼくたちわたしたちの教育と余暇の楽しみに適う時程をもった品位ある労働に賛成します」

三十三か国から集まった働く子どもたち、若者たちの要求の精華こそ、十条から成るクンダプール宣言である。グローバル化の名のもとに世界経済秩序に逃れようもなく組み込まれている働く子どもたちとともに歩むとは、わたしたち一人ひとりが生活そのものを見つめ直すことであると、このクンダプール宣言が示している。「あなたは児童労働の決定的な撲滅を求めないのですか」と問う『リヨン・カピタル』紙（前掲号）にボネ氏はきっぱりと答える。

「求めません！ グローバル・マーチに参加した「南」の国々の地域団体は児童労働の撲滅を求めてはいますが、それを達成するには五十年かかることを承知しています。（中略）児童労働の撲滅については、それが有益かどうかを見極める必要があります。あの子どもたちは仕事をとりあげられたら、どうするでしょうか。夢を見ていてはいけないのです。実現可能なこと、子どもたちも、その家族も望むこと、それは子どもたちを保護された部門で、しかも学業と並立させられる条件で働かせることです」

いま、「人類は子どもに対して最善のものを与える義務を負っている」（『国際連盟・子どもの権利宣言（ジュネーヴ宣言）』一九二四年）とはどういうことかが、改めて問われているのではないだろうか。

末尾になりましたが、本書の出版に際しましては、原出版社への問い合わせ、資料の収集、さらにはグローバル・マーチの写真を表紙に利用したいというわたしの要望を快く引き受けてくださるなど、ご尽力いただきましたフランス著作権事務所の亀山敬氏、社会評論社の福島啓子さんに厚くお礼申し上げます。

二〇〇〇年九月十四日

堀田一陽

[著者紹介]
ミシェル・ボネ（Michel Bonnet)
1934年、フランス・アルビ生まれ。
1961年、カトリックの司祭として来日。その後、ILO国際労働事務局の専門官として、IPEC（児童労働撲滅国際計画）を担当するなど、児童労働に関するさまざまな活動を経て、現在、モロッコ『子どもの権利監視全国センター(ONDE)』顧問。くわしくはあとがき参照。

[訳者紹介]
堀田一陽（ほった・いちよう）
1947年、愛知県生まれ、三重大学農学部農業機械学科卒。
ミニコミ紙『銀杏（いちょう）通信』(Courrier de GINGO）主宰。
訳書に『毒殺罪で告発されるエイズ』(社会批評社・刊)、『子どものねだん——バンコク児童売春地獄の四年間』『子どもを貪り食う世界』(ともに社会評論社・刊）がある。

働く子どもたちへのまなざし
現代世界における子どもの就労——その分析と事例研究

2000年10月30日　初版第1刷発行

著　者：ミシェル・ボネ
訳　者：堀田一陽
装　幀：市村繁和（アイメディア)
発行人：松田健二
発行所：株式会社　社会評論社
東京都文京区本郷2-3-10　TEL03(3814)3861　FAX03(3818)2808
印　刷：S企画＋P＆Pサービス
製　本：東和製本

ISBN4-7845-0389-7